4° Lf 132 33

1818

Rapport fait au roi sur la situation des hospices... et des prisons

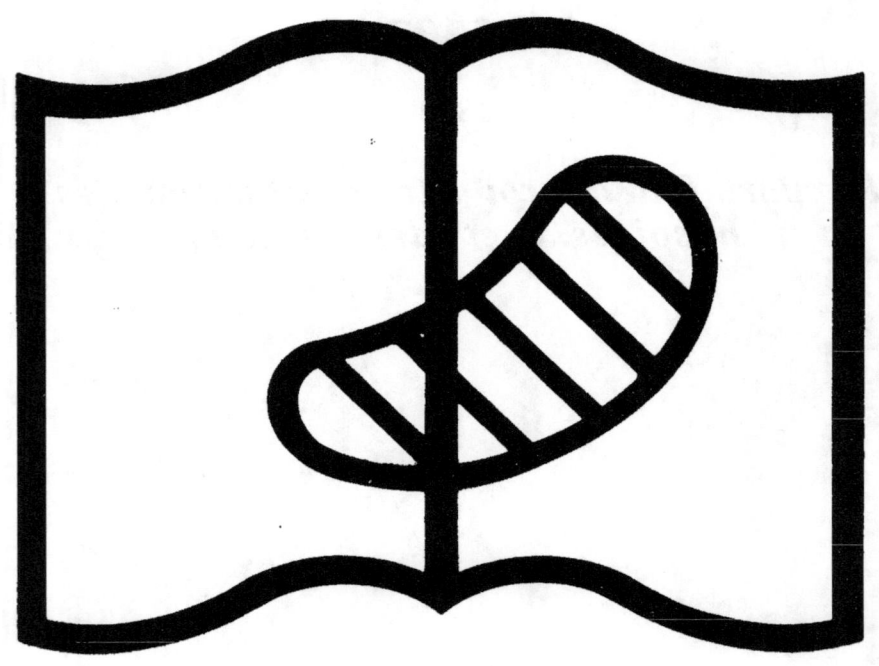

Symbole applicable
pour tout, ou partie
des documents microfilmés

Original illisible

NF Z 43-120-10

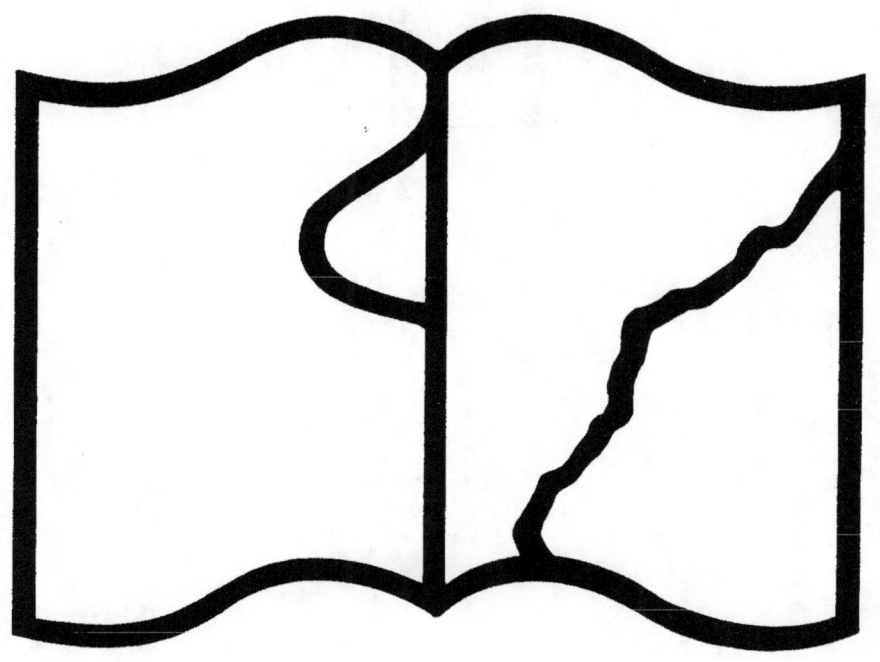

Symbole applicable
pour tout, ou partie
des documents microfilmés

Texte détérioré — reliure défectueuse

NF Z 43-120-11

RAPPORT AU ROI

SUR LA SITUATION

DES HOSPICES, DES ENFANS TROUVÉS,

DES ALIÉNÉS,

DE LA MENDICITÉ ET DES PRISONS.

A PARIS,
DE L'IMPRIMERIE ROYALE.

1818.

MINISTÈRE DE L'INTÉRIEUR.

Paris, le 25 Novembre 1818.

RAPPORT AU ROI.

SIRE,

DANS toute société, il est des misères que l'humanité et l'intérêt public commandent d'adoucir, lors même que ces misères sont la suite des désordres que les lois répriment ou qu'elles essaient de prévenir.

Je crois devoir, SIRE, rendre compte à VOTRE MAJESTÉ de la situation dans laquelle se trouvent en France les services établis pour atteindre ce but. Je ferai connaître leurs besoins, et j'indiquerai les points qui méritent de fixer, dans l'intérêt de l'humanité ou dans celui de l'État, l'attention des hommes éclairés et amis du bien.

Ce rapport se divisera naturellement en cinq chapitres :

Dans le premier, je parlerai des hospices.

Le second traitera des enfans trouvés ;

Le troisième, des aliénés ;

Le quatrième, de la mendicité ;

Le cinquième, des prisons.

CHAPITRE PREMIER.

HOSPICES.

La situation des hospices s'est sensiblement améliorée depuis trois ans. Les avances considérables que ces établissemens avaient faites pour le traitement des malades militaires, et pour le service des enfans trouvés, ont été presque entièrement liquidées. Un grand nombre d'hospices ont trouvé dans leurs économies les moyens d'acquitter leurs dettes, sans négocier les valeurs qui leur ont été données en paiement; et ces valeurs serviront à augmenter d'autant leurs capitaux et leurs revenus.   AMÉLIORATION dans la situation des hospices.

En 1816, les comptes de la plupart des hôpitaux n'avaient point été arrêtés depuis plusieurs années. Les formalités prescrites pour leur réglement avaient présenté beaucoup de difficultés, et n'avaient point été remplies. Votre Majesté a décidé, par son ordonnance du 21 mars 1816, que les comptes des établissemens de charité seraient apurés et arrêtés définitivement par les Préfets en conseil de préfecture. Des instructions ont été données, par suite de cette ordonnance, pour faire mettre au courant la comptabilité de tous les hospices. Dans une partie de ces établissemens elle est maintenant à jour, et les Préfets ont reçu la recommandation de ne rien négliger pour en accélérer le réglement dans tous les établissemens où elle est encore arriérée.   COMPTABILITÉ.

Je n'ai point encore réuni les relevés des comptes de tous les hospices pour les dernières années, et je ne puis mettre sous les yeux de Votre Majesté, comme je l'aurais desiré, le tableau des revenus de ces établissemens; mais j'ai la conviction que les revenus des hospices, en y comprenant les allocations qui leur sont accordées sur les octrois, sont beaucoup plus considérables qu'en 1789.   REVENUS.

Suivant les rapports soumis à l'Assemblée constituante, la masse des revenus des hôpitaux était évaluée, à cette époque, à............ 28,000,000^f 00^c

D'après un relevé dressé en 1815, la masse des revenus directs des hospices, seulement dans les villes ayant plus de 10,000 francs de revenus, était évaluée, suivant les budgets de ces villes, à.................... 19,160,111.^f 00.^c

Les allocations accordées à ces mêmes hospices, sur les octrois, pour l'année 1815, se portaient ensemble à...... 9,176,929. 63.

TOTAL des revenus de ces établissemens...... 28,337,040. 63.

Et ce n'est sans doute pas exagérer que d'évaluer à 5 ou 6 millions les revenus des hospices situés dans les villes ayant moins de 10,000 francs de revenus.

Les revenus des pauvres et des hospices s'accroissent journellement des dons qui leur sont faits.

LEGS
et
DONATIONS.

Je mets sous les yeux de VOTRE MAJESTÉ (tableau n.° 1), l'état des legs et donations dont l'acceptation a été autorisée dans le cours des quatre dernières années, et dans le cours de 1818, jusqu'au 1.er décembre.

Leur valeur s'est élevée :

    Pour 1814.......... à.......... 812,805.^f 18.^c
    Pour 1815.......... à.......... 737,267. 90.
    Pour 1816.......... à.......... 1,725,537. 00.
    Pour 1817.......... à.......... 1,837,054. 16.
    Pour 1818, jusqu'au 1.er décembre, à.. 2,640,827. 00.

VOTRE MAJESTÉ ne verra pas sans intérêt cette progression ; elle donne la preuve des sentimens de charité qui animent les Français ; et la publicité donnée à de semblables résultats, ne pourra qu'encourager à suivre un si noble exemple tous ceux à qui leur fortune permet d'accroître les ressources destinées au soulagement du malheur.

Entre les classes d'individus que les hospices ont été naturellement appelés à recueillir, les enfans trouvés et les aliénés, dont je vais entretenir particulièrement VOTRE MAJESTÉ, sont celles qui méritent le plus en ce moment l'attention de l'administration.

CHAPITRE II.

ENFANS TROUVÉS.

L'HUMANITÉ fait un devoir à l'administration d'assurer le sort des enfans abandonnés par les auteurs de leur existence, et que leur exposition livre à la commisération publique.

<small>CONSIDÉRATIONS GÉNÉRALES.</small>

Depuis que S. Vincent de Paul fit entendre la voix sacrée de la charité en faveur de ces êtres malheureux que menaçait une mort presque certaine; de nombreux asiles se sont successivement ouverts pour les recevoir.

En 1789, les enfans trouvés étaient admis dans un assez grand nombre d'hôpitaux; mais beaucoup aussi, consacrés par leurs actes de fondation à soulager d'autres genres de misères, ne les admettaient pas.

Depuis cette époque, les règles prescrites pour l'admission des enfans trouvés, et les moyens adoptés pour subvenir à leur dépense, ont plusieurs fois varié.

En 1810, il a été établi en principe que la dépense des enfans trouvés et enfans abandonnés devait être supportée en partie par les hospices destinés à recevoir ces enfans, en partie par les fonds départementaux, en partie par les communes; et ce principe a été maintenu par les dernières lois sur les finances.

Toutes les fois que l'administration s'est occupée d'organiser le service des enfans trouvés, elle s'est vue placée entre deux écueils. En facilitant les admissions des enfans, on multiplie les expositions et les abandons, et la dépense s'accroît proportionnellement; en apportant plus d'entraves aux admissions, afin de réduire la dépense, on s'expose à compromettre l'existence des enfans, et à multiplier les infanticides et les avortemens.

On a cherché depuis plusieurs années à suivre un juste milieu entre ces deux dangers. Le rapide accroissement qu'avait pris, dans les années qui ont précédé 1811, le nombre des enfans trouvés, détermina, à cette époque, à adopter des mesures propres à en combattre quelques-unes des causes. Avant 1811, tous les hospices devaient recevoir les enfans trouvés : on décida que ces enfans ne pourraient être reçus que dans un hospice, au plus, par arrondissement. La dépense des enfans trouvés avait été placée au rang des dépenses departementales : on décida que la dépense des layettes et vêtures, et les frais de séjour des enfans dans les hospices, resteraient à la charge de ces établissemens; et ils furent, en outre, appelés, ainsi que les communes, à concourir, autant que leurs revenus le leur permettraient, avec les fonds départementaux, à la dépense des mois de nourrice et pensions payés pour les enfans entretenus à la campagne.

Ces mesures ont dû nécessairement ralentir l'accroissement qu'aurait suivi, sans elles, le nombre des enfans trouvés; mais elles n'ont pu balancer les autres causes qui le favorisaient, et cet accroissement a continué d'être considérable.

NOMBRE
des enfans.

En 1784, le nombre des enfans trouvés en France n'était évalué qu'à 40,000.
A la fin de 1809, le nombre de ces enfans dans les départemens qui composent encore aujourd'hui la France, était de . . . . 67,966.
Au 1.er janvier 1815, il était de. . . . . 84,559.
Au 1.er janvier 1816, de. . . . . 87,713.
Au 1.er janvier 1817, de. . . . . 92,626.
Au 31 décembre 1817, de. . . . . 97,919.

Ainsi, depuis huit ans, le nombre des enfans trouvés s'est accru chaque année d'environ 4,000.

La masse de leur dépense a naturellement suivi une proportion à-peu-près analogue.

DÉPENSES.

En 1809, la dépense des mois de nourrices et pensions des enfans entretenus à la campagne a été de. . . . . 4,637,782^f 42^c
En 1815, cette dépense a été de. . . . . 6,113,090. 04.
En 1816, de. . . . . 6,250,094. 30.
En 1817, de. . . . . 6,763,179. 54.

Le nombre moyen des enfans entretenus à la campagne, en 1817, ayant été de quatre-vingt-cinq mille cinq cent quarante-quatre, la dépense, qui s'est élevée à 6,763,179 fr. 54 cent., donne, pour taux moyen de la dépense de chaque enfant, 79 francs 6 centimes.

Je joins à ce rapport le tableau (n.° 2) de la dépense présumée pour 1818 des enfans entretenus à la campagne, et des ressources destinées à y faire face.

VOTRE MAJESTÉ pourra remarquer que le nombre des enfans trouvés n'est porté sur ce tableau qu'à quatre-vingt-seize mille trois soixante-douze, tandis que le nombre des enfans existans au 31 décembre 1817 était de quatre-vingt-dix-sept mille neuf cent dix-neuf. Quelques Préfets ont pensé que la situation du peuple, dans leurs départemens, étant moins pénible qu'en 1817, le nombre des expositions serait moins considérable, et qu'il en résulterait une diminution dans le nombre des enfans à la charge des hospices : tel est le motif de cette différence.

La dépense présumée, pour 1818, des enfans trouvés entretenus à la campagne, se porte, suivant le tableau que je mets sous les yeux de VOTRE MAJESTÉ, à 7,137,314 francs 31 centimes.

Les ressources destinées à y pourvoir, s'élèvent à 6,605,677 francs 31 cent. savoir :

1.° Fonds alloués dans les budgets des dépenses variables des départemens............	4,741,649ᶠ 00ᶜ	7,137,314ᶠ 31ᶜ
2.° Fonds dont les Conseils généraux ont voté l'imputation sur le produit des centimes facultatifs............	349,010. 00.	
3.° Produit présumé de la portion des amendes et confiscations.......	167,151. 97.	6,605,677. 31.
4.° Sommes laissées à la charge des hospices...................	442,403. 01.	
5.° Contingens assignés sur les communes......................	860,463. 33.	
Ces ressources présentent, sur la dépense présumée, un déficit de.....................		531,637. 00.

Si ce déficit se réalise, il y sera pourvu en 1819, soit sur les fonds départementaux, soit sur les fonds des communes, selon les votes des conseils généraux.

Je dois faire observer à VOTRE MAJESTÉ qu'indépendamment de la dépense dont je viens d'indiquer ici le montant, la fourniture des layettes et vêtures et les frais de séjour des enfans dans les hôpitaux donnent lieu à une dépense qui ne peut être moindre de deux millions pour toute la France, et qui, d'après les règles établies, reste entièrement à la charge des hospices.

La dépense totale que coûte le service des enfans trouvés, se porte donc maintenant à environ 9 millions.

Antérieur.—Rapport.

CAUSES de l'accroissement du nombre et de la dépense des enfans trouvés.

Le rapide accroissement de cette dépense et du nombre des enfans trouvés a appelé toute mon attention, et j'en ai recherché avec soin les causes. La détresse qui a régné parmi le peuple, par suite des malheurs qui ont pesé depuis quelques années sur la France, et les progrès de l'immoralité, ont nécessairement augmenté le nombre des expositions. Quelques abus dans les admissions ont pu aussi se maintenir, malgré tous les efforts de l'administration pour les détruire.

Mais l'augmentation progressive du nombre des enfans trouvés doit être principalement attribuée à la diminution de la mortalité qui les frappait; et cette diminution est due elle-même aux soins plus éclairés, plus empressés et plus constans pris par les administrations des hospices pour la conservation des enfans, à la règle qui a été sans cesse recommandée, et presque par-tout adoptée, de les placer dans les campagnes, aux bienfaits de la vaccine.

Le nombre des enfans reçus dans les hospices de Paris pendant le cours des douze années antérieures à 1818, n'a excédé que d'un septième le nombre des enfans reçus pendant le cours des douze années qui ont suivi 1788; et cependant le nombre des enfans à la charge des hospices était de douze mille cinquante-sept au 31 décembre 1817, tandis qu'il n'était que de quatre mille six cent soixante-seize en 1800.

Le nombre des enfans décédés dans les trois années 1787, 1788 et 1789, a été, avec le nombre des enfans admis dans ces trois années, dans le rapport de vingt-neuf à trente-deux; et le nombre des enfans décédés dans les trois années 1815, 1816 et 1817, a été au nombre des enfans admis dans les mêmes trois années, dans le rapport de vingt-quatre à trente-deux: la mortalité a donc été de cinq trente-deuxièmes ou environ un sixième moins considérable dans les trois dernières années. Ces faits prouvent évidemment que la mortalité des enfans trouvés est beaucoup moins considérable qu'elle ne l'était en 1789, et que c'est principalement à cette cause que l'on doit attribuer l'accroissement du nombre de ces enfans.

MOYENS de pourvoir à la dépense.

La dépense des enfans trouvés ayant naturellement suivi la progression de leur nombre, cette dépense est devenue pour beaucoup de départemens un fardeau tellement pesant, que quelques Conseils généraux, effrayés de son accroissement et de la difficulté de réunir les ressources nécessaires pour le supporter, ont réclamé, dans leur dernière session, contre le mode suivi jusqu'à présent pour subvenir à la dépense des enfans trouvés, et ont demandé que cette dépense fût désormais à la charge de l'état, en l'imputant sur le fonds des centimes centralisés.

Loin d'appuyer une semblable demande, je crois, SIRE, de mon devoir de la combattre. Quelque respectables, quelque animées du bien public que soient des administrations locales, un sentiment naturel les porte à favoriser les intérêts des établissemens ou des localités confiés à leurs soins, même lorsqu'ils se trouvent en opposition avec les intérêts de l'État. Si la dépense des enfans trouvés était mise à la charge de l'État, les administrations des hospices et les autorités municipales et départementales ne mettraient plus leurs soins à réduire dans les bornes possibles les prix des mois de nourrice et pensions des enfans : elles fermeraient plus facilement les yeux sur les fraudes qui auraient pour objet d'accorder à des enfans appartenant à des parens connus, et qui peuvent, à la rigueur, assurer leur subsistance, des secours qui ne doivent être accordés qu'aux enfans absolument livrés à la pitié publique. Une bienveillance qu'il serait difficile de blâmer, leur ferait desirer de voir s'accroître les fonds destinés au soulagement d'une des portions les plus intéressantes de la classe indigente. Ainsi, l'entretien de chaque enfant deviendrait plus coûteux, les admissions se multiplieraient, la masse de la dépense s'accroîtrait doublement; l'État se verrait forcé d'augmenter chaque année les fonds consacrés à y faire face; et si des circonstances critiques ne lui permettaient pas de réaliser exactement les crédits ouverts pour ce service, l'existence des enfans se trouverait compromise.

On ne peut éviter de semblables dangers qu'en continuant à faire concourir à la dépense des enfans trouvés, les hospices, les communes et les départemens. C'est ainsi seulement que les administrations des hospices et les autorités municipales et départementales, ayant intérêt à ce que cette dépense ne s'accroisse pas, feront leurs efforts pour en arrêter les progrès et réprimer les abus qui contribuent à l'augmenter.

Sans doute, il est des départemens qui, par leur position, recevant proportionnellement un nombre d'enfans trouvés plus considérable que d'autres, ne trouvent que difficilement, dans les ressources des hospices, des communes et du département, les fonds nécessaires pour assurer ce service; mais j'ai eu et j'aurai encore égard à cette circonstance, dans la répartition du fonds commun destiné à venir au secours des départemens les plus pauvres ou les plus chargés de dépenses.

Je ne puis, d'après les considérations que je viens d'exposer, que proposer à VOTRE MAJESTÉ de maintenir les règles actuellement suivies pour assurer le service des enfans trouvés. Les frais de layettes et vêtures, et les frais de séjour des enfans dans les hospices, resteront à la charge de ces établissemens; et il continuera d'être pourvu à la dépense des mois de nourrice et pensions, au moyen, 1.° de la portion des revenus des hospices qui pourra être consacrée à ce service; 2.° de la portion des amendes et confiscations attribuée aux enfans trouvés; 3.° des allocations qui auront lieu dans les budgets départementaux, tant sur les centimes affectés aux dépenses variables et sur la portion du fonds commun accordée à divers départemens, que sur le produit des centimes facultatifs; 4.° des contingens que les Conseils généraux jugeront devoir être supportés par les communes, pour couvrir la dépense.

CHAPITRE III.

ALIÉNÉS.

De toutes les infirmités qui accablent l'homme, l'aliénation mentale est celle qui mérite le plus d'intérêt, puisqu'elle le prive de toutes ses facultés, et qu'elle le frappe dans tous les âges, dans tous les rangs, dans toutes les conditions.

C'est cependant celle à laquelle on s'est le moins occupé d'offrir des secours.

On a long-temps regardé l'aliénation comme une maladie incurable : on considérait comme entièrement perdus pour la société les individus qui en étaient une fois atteints; on n'essayait sur eux aucun moyen de guérison; ils étaient confondus, soit avec les criminels dans les cachots des prisons, soit avec les malades et les indigens dans les hôpitaux, et presque par-tout soumis aux plus durs traitemens.

Les grandes améliorations qui ont été faites dans le régime des hôpitaux ne se sont étendues qu'en peu d'endroits au sort des aliénés. Depuis dix à douze ans, il a été établi dans quelques maisons un traitement pour la folie, et les insensés ont reçu enfin dans ces maisons les soins que réclamait l'humanité : mais le petit nombre d'établissemens publics consacrés à la reclusion et au traitement des aliénés sont loin de réunir toutes les conditions que devraient remplir ces établissemens; ils sont d'ailleurs tous encombrés. Dans la plupart des départemens, les insensés sont disséminés dans les hospices, dans les prisons, dans les dépôts de mendicité; et, dans quelques départemens, on est forcé, faute d'asiles, de les laisser dans la société, où leur égarement compromet sans cesse leur propre existence et la sûreté de leurs familles.

Le sort des aliénés n'a pas été jusqu'à présent plus amélioré dans les principaux pays de l'Europe; et il en est où leur situation est encore plus déplorable.

Suivant plusieurs écrivains, les insensés sont presque par-tout, en Allemagne, entassés pêle-mêle dans des cachots et des souterrains; ils sont souvent livrés en spectacle à la curiosité publique; on ne connaît que la terreur pour faire régner l'ordre parmi eux; les fouets et les chaînes sont les seuls moyens qu'on emploie pour les contenir.

La situation dans laquelle gémissent, en Angleterre, la plupart des aliénés, a appelé, depuis plusieurs années, l'attention du Parlement; et la Chambre des communes a chargé un comité pris dans son sein, de recueillir des informations exactes sur les maisons où ces infortunés sont admis, et de lui soumettre ses vues sur les moyens d'améliorer leur sort. Suivant les rapports qui ont été présentés en 1815 à la Chambre des communes par son comité, la plupart des maisons où sont placés les aliénés n'ont point été construites pour cette destination, et n'y sont nullement appropriées. Ces maisons sont plutôt des lieux de reclusion pour les aliénés que des établissemens destinés à leur traitement; le local y est presque par-tout trop resserré, et les insensés y sont entassés sans division, sans classification. Presque nulle part, les aliénés ne sont soumis à un traitement médical : les chaînes et les fers sont encore en usage en beaucoup d'endroits pour les foux violens; les surveillans et les gardiens ne sont point en nombre suffisant pour laisser aux malades le degré de liberté si nécessaire pour calmer leurs accès.

L'Angleterre s'occupe de remédier à ces maux : déjà quelques établissemens s'y élèvent, fondés sur de meilleurs principes, sur des vues plus éclairées et plus humaines.

La France ne doit pas rester en arrière. Presque toujours au premier rang lorsqu'il s'agit de soulager l'humanité et de propager des améliorations utiles, elle doit s'occuper des moyens de pourvoir au sort des aliénés, de manière à rendre à la société ceux qui sont encore susceptibles de guérison, et à adoucir l'existence de ceux dont l'égarement ne laisse aucun espoir. C'est dans la vue de préparer un tel résultat, que je crois devoir rendre compte à VOTRE MAJESTÉ de la situation des aliénés en France, et de l'état des maisons dans lesquelles ils sont reçus.

NOMBRE
des aliénés.

Je joins à ce rapport un tableau (n.° 3) des principaux établissemens où les insensés sont admis, et du nombre des aliénés qui existent dans chaque établissement.

Suivant ce tableau, il n'existe en France que huit établissemens exclusivement consacrés à la reclusion des aliénés, et ces établissemens en renferment. 1,222,

Ci-contre..................... 1,222.

Vingt-quatre hospices ou hôpitaux qui possèdent des quartiers affectés aux insensés, en renferment............................. 3,196.
Quinze dépôts de mendicité ou maisons de correction en contiennent 613.
On peut ajouter à ce nombre, pour les aliénés qui sont épars dans de petits hospices ou dans les prisons, environ.................. 1,000.
Et l'on peut évaluer à............................... 2,500.
le nombre de ceux qui sont laissés dans leurs familles.

TOTAL........... 8,531.

Ainsi le nombre des insensés en France est d'environ........ 8 à 9,000.

Les établissemens consacrés à la reclusion et au traitement des aliénés, qui sont les plus importans et méritent le plus d'intérêt, sont la maison royale de Charenton, les hospices de Bicêtre et de la Salpêtrière, et la maison des aliénés de Bordeaux.

SITUATION des établissemens destinés à les recevoir.

La maison royale de Charenton est principalement destinée à recevoir des pensionnaires. L'administration de cette maison se trouvait, en 1814, dans un extrême désordre: elle a été, depuis cette époque, complétement réorganisée, et soumise à un réglement très-étendu qui embrasse toutes les parties du service; un ordre parfait règne maintenant dans l'établissement, et toutes les améliorations qui dépendaient du zèle du directeur et du médecin en chef, et des soins de la commission de surveillance, ont été pratiquées. Mais la distribution d'une grande partie des bâtimens laisse beaucoup à desirer: elle ne permet pas d'établir entre les différentes classes d'aliénés toutes les divisions nécessaires; plusieurs des quartiers sont incommodes et malsains, et des fonds extraordinaires seraient indispensables pour remédier aux inconvéniens qu'ils présentent. Le nombre des insensés, dans la maison de Charenton, est de 430 à 440; sur ce nombre se trouvent vingt-quatre aliénés admis gratuitement, quatre-vingts invalides ou marins traités aux frais des départemens de la guerre et de la marine, moyennant un prix de journée; le surplus de la population de la maison se compose de pensionnaires divisés en plusieurs classes, selon le taux de la pension que paie chacun d'eux. La masse des recettes et des dépenses de l'établissement s'élève annuellement à environ 400,000^f. Sur cette somme, le gouvernement n'accorde qu'un secours de 40,000^f: les pensions des admis, les revenus des propriétés foncières de l'établissement et les prix de journées payés par les départemens de la guerre et de la marine, forment le surplus des recettes.

Les quartiers consacrés aux insensés, dans les hospices de Bicêtre et de la Salpêtrière, ont reçu depuis dix ans de grandes améliorations. Une portion des anciens bâtimens a été restaurée ou assainie: on a abandonné ceux que leur situation rendait absolument insalubres; et de nouveaux bâtimens ont été construits. Un traitement rationnel et complet a été établi et confié aux soins des hommes les plus éclairés. Les insensés ont été divisés selon les différens degrés et caractères de folie, et ils sont traités avec tous les soins et tous les ménagemens que l'humanité peut réclamer. Les chaînes, les fers, les punitions corporelles qui étaient en usage dans ces établissemens, et dont on se sert encore dans une grande partie de l'Europe, ont été abandonnés; et de simples gilets de force suffisent pour contenir les aliénés les plus furieux. L'hospice de Bicêtre est exclusivement consacré aux hommes; l'hospice de la Salpêtrière aux femmes. Le nombre des insensés, dans le premier de ces établissemens, est de 550, et le nombre des folles à la Salpêtrière est de près de 1200. Il y a six ans, il n'y avait qu'environ 400 foux à Bicêtre, et 800 folles à la Salpêtrière. Par l'effet de l'augmentation survenue depuis cette époque, les insensés se trouvent beaucoup trop resserrés dans les bâtimens qu'ils occupent. Les anciennes constructions et l'emplacement réservé aux autres services des deux hôpitaux, n'ont pas permis de se procurer tous les avantages desirables dans de semblables établissemens; et il est à regretter qu'au lieu de chercher à tirer de ce local le meilleur parti possible, on n'ait pas établi à Paris, pour les aliénés, deux hôpitaux spéciaux, où l'on eût été maître de disposer toutes les distributions selon les conseils de l'humanité et de l'expérience.

La maison des aliénés de Bordeaux, située dans une belle exposition, est l'un des meilleurs établissemens de ce genre. Les dortoirs destinés aux aliénés tranquilles sont spacieux et salubres; les loges sont presque toutes saines, aérées, bien éclairées, dallées et plafonnées. De vastes promenoirs d'été et d'hiver sont ouverts aux aliénés. Ces infortunés sont bien vêtus, bien couchés; la nourriture est bonne et abondante. La maison a un vaste jardin, bien cultivé, dans lequel on laisse se promener les aliénés tranquilles. Les malades sont traités, avec une douceur et une humanité dignes de servir d'exemple, par les sœurs qui dirigent l'établissement. Cette maison laisse cependant encore plusieurs points à desirer dans ses distributions. On ne peut pénétrer dans les cours des hommes pensionnaires, sans passer dans la cour des femmes, à moins qu'on ne traverse le quartier des pauvres. Les hommes et les femmes sont trop rapprochés et se voient trop facilement. Les différens caractères de folie ne sont pas assez divisés. Quelques vieilles loges destinées aux furieux sont humides et malsaines. La maison ne peut, dans son état actuel, contenir que 100 à 110 aliénés. Il vient d'être dressé, pour l'extension des bâtimens, un projet dont l'exécution permettrait de porter la population de l'établissement à 240 ou 250 aliénés. La dépense de ce projet est évaluée à 200,000 fr.

Les autres établissemens spéciaux d'aliénés laissent tous plus ou moins à désirer pour leur situation et leur distribution.

Mais c'est sur-tout dans les hospices généraux, dans les dépôts de mendicité et dans les prisons, que les quartiers des aliénés et la situation dans laquelle se trouvent ces malheureux, sont un objet digne de pitié.

Presque par-tout, les insensés occupent les bâtimens les plus retirés, les plus vieux, les plus humides, les plus malsains. Les cellules appelées loges sont sans air, étroites, pavées à la maniere des rues, souvent plus basses que le sol, et quelquefois dans les souterrains. Ordinairement ces habitations n'ont pour ouvertures que la porte et un trou carré établi sur la porte même; l'air ne s'y renouvelle pas : le régime et les alimens ne sont point appropriés à l'état des malades. Les aliénés n'ont point l'espace nécessaire pour se promener. Les furieux sont toujours renfermés, et ces malheureux ne sont que trop souvent livrés aux caprices et à la dureté des gens de service.

Enfin les hôpitaux et même les prisons n'offrent, dans plusieurs départemens, aucun local disponible pour recevoir les insensés; et l'on est obligé de les laisser dans leurs familles, ou exposés à la pitié publique.

Les Conseils généraux de plusieurs départemens ont reconnu, dans leur dernière session, combien un tel état de choses exige de prompts remèdes, combien l'humanité et la sûreté publique commandent d'adopter des mesures qui permettent à-la-fois de donner un asile à tout individu dont l'égarement peut troubler la société, et d'assurer aux êtres privés de leur raison les soins qui peuvent la leur rendre ou du moins en adoucir la privation. Ils ont, en conséquence, voté des sommes assez considérables, soit pour améliorer ou étendre les quartiers d'aliénés qui existent dans leurs départemens, soit pour en construire de nouveaux.

VUES d'amélioration.

Mais, comme les Conseils généraux ont été restreints dans leurs vues pour l'amélioration du sort des aliénés par les limites étroites des ressources de chaque département, il est à craindre que les projets dont ils ont proposé l'exécution ne soient qu'un faible palliatif au mal qu'il s'agit d'adoucir. On pourrait sans doute, par quelques constructions et quelques réparations, rendre plus salubres les logemens des insensés et en augmenter l'étendue; mais il est difficile de penser que, tant que les aliénés seront conservés dans les hospices, les dépôts de mendicité et les prisons, où leur service ne sera qu'un objet secondaire pour ces établissemens, ils puissent jamais être traités avec les soins et les ménagemens convenables. Les distributions de leurs quartiers seront toujours mauvaises ou incommodes; les anciens bâtimens nuiront à ceux que l'on projette; les uns et les autres manqueront de symétrie, et des subdivisions qui seules peuvent assurer quelque succès dans le traitement des aliénés.

Ces inconvéniens disparaîtraient, si, comme quelques personnes l'ont proposé, on établissait, pour la reclusion et le traitement des aliénés, un certain nombre de maisons centrales qui renfermeraient chacune trois à quatre cents insensés. Dans des maisons de cette importance, il serait facile d'établir les divisions et les subdivisions utiles au bien-être des malades, de disposer des promenoirs, des dortoirs communs, et de réunir tous les avantages propres à contribuer à la guérison des insensés qui laissent quelque espoir. Les hommes de l'art les plus habiles ambitionneraient d'être à la tête de semblables établissemens; et, en même temps que ces asiles seraient des monumens de l'humanité et de la bienfaisance du Gouvernement, ils serviraient d'écoles pour l'étude de l'infirmité la moins connue et la plus digne d'intérêt.

Mais des objections assez graves peuvent être opposées à ce plan. D'abord la difficulté d'affecter à l'établissement des maisons dont il s'agit, les fonds nécessaires et qui seraient fort considérables; en second lieu, l'expérience a déjà prouvé que les départemens mettent toujours beaucoup d'opposition à concourir à la dépense des établissemens qui ne sont point placés dans leur sein.

Il me paroît donc prudent de ne point précipiter l'adoption du projet dont je viens d'entretenir Votre Majesté, et de peser avec soin, avant de prendre un parti, les considérations qui parlent en sa faveur, et celles qui sont de nature à le combattre.

S'il était adopté, l'exécution en pourrait être facilitée par un appel aux ames généreuses qui voudraient, moyennant une somme déterminée, fonder dans les maisons d'aliénés des lits auxquels elles se réserveraient le droit de nommer. Dans des pays voisins du nôtre, les établissemens qui honorent le plus l'humanité ont été fondés avec le produit de souscriptions particulières, et il est rare que le Gouvernement concoure à former les fonds nécessaires pour leur création. Il n'existe en France ni moins de charité, ni moins d'amour du bien. Les secousses qui nous ont si long-temps agités, ont pu retenir l'essor de ces sentimens; mais aujourd'hui que la France aperçoit le terme de ses souffrances, aujourd'hui qu'elle peut se promettre des jours de repos et de tranquillité, tout fait espérer que les personnes riches ou dans l'aisance s'empresseront de fonder des institutions destinées au soulagement des infirmités humaines.

CHAPITRE IV.

MENDICITÉ.

ORIGINE DES DÉPÔTS.

LE Gouvernement, après avoir tenté vainement d'extirper la mendicité par des peines très-sévères, ou en appliquant les mendians aux travaux publics, reconnut que les moyens rigoureux employés depuis deux siècles avaient été sans effet. Entre les dispositions les plus récentes, prescrites avant la révolution, on remarque les ordonnances de 1764, 1767 et 1777, qui prononcent contre les mendians valides la peine des galères, et la reclusion à l'égard des femmes, des enfans, des infirmes et des vieillards.

Comme les hôpitaux et les prisons ne pouvaient contenir tous ces individus, on établit successivement des maisons désignées sous les noms de dépôts de mendicité, de bicêtres, &c., qui devaient être une sorte d'intermédiaire entre les prisons et les hospices.

Ces établissemens étaient au nombre de dix-huit en 1778, vingt-un en 1781, vingt-sept en 1786, et trente-trois en 1792. Le Gouvernement a contribué aux dépenses d'abord pour 75 mille francs par mois ; les sommes allouées en 1792, s'élevèrent à 90 mille francs par mois. Cependant la mendicité ne fut pas éteinte, et l'administration n'atteignit pas le but qu'elle s'était proposé.

En 1798, le Gouvernement s'occupa de nouveau de cette partie. Un traité passé alors pour l'introduction d'ateliers et pour les fournitures de toute espèce à faire dans les maisons de répression, fut résilié en 1801, et les dépôts restèrent à la charge des départemens.

En 1808, les dépôts étaient réduits à un petit nombre : on croyait que, s'il y en avait un par département, et que si la capacité des bâtimens était proportionnée au nombre des mendians à renfermer, on parviendrait à extirper la mendicité. On se persuadait qu'il était possible d'évaluer très-approximativement le nombre des personnes à recevoir, et que, ce nombre se maintenant dans une proportion à-peu-près constante, les dépôts formés d'après les données qu'on avait recueillies, rempliraient leur destination.

En conséquence, un décret du 5 juillet 1808 prescrivit les dispositions suivantes :

CRÉATION nouvelle de dépôts.

« La mendicité sera défendue dans tout le territoire......; les mendians de chaque département seront arrêtés et traduits dans le dépôt de mendicité...; les vagabonds seront traduits dans les maisons de détention...; les dépenses de l'établissement des dépôts seront faites concurremment par le trésor public, les départemens et les villes. »

Cinquante-neuf dépôts ont été créés par décrets spéciaux dans les départemens qui composent le Royaume; trente-sept seulement ont été mis en activité; savoir :

En 1809	3.
1810	9.
1811	9.
1812	8.
1813	3.
1815	2.
1816	2.
1818	1.
	37.

Les vingt-deux autres n'ont pas été ouverts.

Après avoir fait des dépenses de première mise de 2 à 3 cent mille francs par dépôt, et supporté, pendant quelques années, des frais d'entretien qui s'élevèrent, terme moyen, à 90,000 fr., l'administration s'aperçut que ces sacrifices produisaient des effets peu sensibles sur le nombre des mendians.

DÉPENSES.

On avait estimé la dépense de chaque reclus à 220 fr. par an, et cette somme, déjà considérable, a été souvent excédée.

On avait espéré que les ateliers établis dans les maisons donneraient un revenu qui compenserait, en partie, les frais; mais l'expérience a trompé ces calculs.

La plupart des mendians renfermés dans les dépôts étaient vieux, infirmes et faibles. Les causes qui les avaient empêchés de s'entretenir avant d'entrer au dépôt, les rendaient incapables d'y faire un travail productif. Les valides qu'on renfermait avaient contracté l'habitude de l'oisiveté, ou bien c'étaient des campagnards dont l'industrie ne pouvait être exercée dans l'intérieur d'un dépôt. D'ailleurs ils ne devaient être retenus que jusqu'à l'époque où ils auraient été en état de gagner leur vie; et, par conséquent, ceux qui avaient quelque aptitude au travail, sortaient après leur apprentissage.

Lors même qu'on se fût borné à renfermer des mendians, suivant le but de l'institution, les dépenses devaient être considérables, et les produits presque nuls. Mais on alla plus loin; on fit admettre dans les dépôts des filles publiques attaquées de maladies, des galeux, des foux, des épileptiques; on y transporta aussi des condamnés, lorsque les prisons étaient encombrées; enfin on reçut par faveur des familles entières qui pouvaient avoir quelques droits à des secours, mais qui n'appartenaient pas à la classe pour laquelle les dépôts avaient été créés. Ces dispositions eurent pour résultat nécessaire de réduire encore le travail et d'augmenter les frais d'entretien.

Une population composée d'élémens si différens, et qui, pour certaines classes, se renouvelait fréquemment, ne pouv aitêtre contenue que par une surveillance sévère. La comptabilité se compliquait; il fallut des employés, des gardiens, des médecins, des infirmiers, des médicamens et un régime plus coûteux.

On a attribué l'excès des dépenses au trop grand nombre des employés. Mais les économies qu'il était possible de faire quelquefois sur les traitemens étaient peu sensibles; et quand on les portait trop loin, on tombait dans l'inconvénient plus dangereux de laisser s'introduire le désordre dans la comptabilité et le relâchement dans la discipline.

<small>REMARQUES sur l'influence des dépôts.</small>

Ces détails montrent assez que les établissemens devaient entraîner beaucoup de dépenses: il reste à expliquer pourquoi ils n'ont eu qu'une influence très-faible et très-courte sur la diminution de la mendicité.

Indépendamment des vagabonds qui sont soumis par le Code pénal à des peines particulières, les mendians présentent trois espèces d'individus:

1.° Ceux qui pourraient travailler, mais qui préfèrent l'oisiveté;

2.° Ceux que leurs infirmités rendent inhabiles au travail;

3.° Ceux qui manquent actuellement d'ouvrage, mais qui pourront en trouver.

Il est probable que la certitude d'être conduits au dépôt a détourné d'abord quelques fainéans de mendier publiquement; mais aussitôt que l'établissement a été plein, ils ont pu reparaître impunément. D'ailleurs l'expérience a prouvé que beaucoup de ces individus ne redoutaient pas les dépôts, parce qu'ils étaient sûrs d'y être entretenus sans travailler, ou du moins sans qu'on les astreignît à une tâche pénible.

Les infirmes que le besoin obligeait à mendier, trouvaient dans les dépôts une existence plus tranquille et plus douce; loin que l'administration eût à user de force pour les y faire entrer, elle a souvent été accablée de demandes d'admission, auxquelles il lui était impossible de satisfaire.

Ainsi les fainéans et les infirmes affluaient vers ces établissemens.

Il y a dans toutes les provinces un certain nombre d'individus que la misère oblige à compter sur la charité publique. Cette population périt et se renouvelle; mais, à moins de circonstances extraordinaires, elle n'augmente ni ne diminue sensiblement dans une période de peu d'années.

Si l'administration ouvre des établissemens où les mendians, pourvus des objets nécessaires à la vie, vieillissent libres de tout soin, l'équilibre est bientôt rompu. Les individus que le cours ordinaire des choses réduit à la mendicité, n'arrivent pas moins à ce terme de l'infortune; mais comme l'existence de ceux qui les avaient précédés a été prolongée, le nombre des malheureux se trouve augmenté, et l'établissement qui doit les recevoir est devenu insuffisant. Ajoutons que si tous les individus qui vivent de salaires, avaient la certitude d'être reçus dans les dépôts à l'époque où l'âge et les infirmités les rendraient moins propres au travail, les uns quitteraient leur profession avant que le déclin de leurs forces les y contraignît, et presque tous, rassurés sur l'avenir, ne penseraient plus à faire des épargnes. Ainsi, les mendians se multiplieraient sans cesse, et leur nombre finirait toujours par excéder la capacité des plus vastes établissemens.

Mais si les dépôts ne sont pas un remède efficace contre la mendicité dans les temps ordinaires, ils ont bien moins d'utilité encore, lorsque des événemens imprévus font monter le prix des subsistances, ou que la demande du travail diminue sensiblement; circonstances qui produisent les mendians de la troisième classe.

On sait que, dans le premier cas, le taux des salaires ne suit pas le prix des denrées, et qu'il est quelquefois modifié en sens inverse. Dans le second cas, le travail étant moins demandé, les salaires baissent, beaucoup de bras peuvent ne pas trouver d'emploi, et les individus qui n'ont d'autre revenu que le prix de leur travail, sont forcés de mendier.

Dans les provinces de grande culture, et dans celles où il y a beaucoup de fabriques, ce malheur peut frapper à-la-fois des milliers d'individus; et alors quelle ressource offrirait un dépôt de trois ou quatre cents places, lors même qu'il ne serait pas déjà rempli par les individus que j'ai rangés dans les deux premières classes ?

S'il était possible de renfermer les individus qu'une cause accidentelle aurait réduits à la mendicité, on leur ôterait en même temps l'aiguillon du besoin qui les excite à chercher du travail, et on éloignerait d'eux les moyens d'en trouver. Comment concevoir qu'un reclus, éloigné de vingt lieues de son domicile, puisse offrir ses services et les faire agréer ?

La conclusion à laquelle on arrive naturellement, est que les dépôts ne pourront jamais préserver de la mendicité, ni même la réduire sensiblement. Les départemens qui ont fait de grands sacrifices dans l'espoir d'une amélioration desirable, n'ont obtenu aucun résultat satisfaisant. Il serait superflu de s'étendre en démonstrations, puisque les faits parlent. Les Conseils généraux des départemens les ont reconnus, et ils s'en sont appuyés, autant que de la modicité des ressources départementales, pour demander les suppressions qui ont été prononcées jusqu'ici, d'après leurs propositions expresses et réitérées. Vingt-quatre dépôts ont été supprimés depuis 1814.

Les suppressions ont été ordonnées, savoir:

SUPPRESSIONS.

En 1814.................... 1.
1815.................... 1.
1816.................... 10.
1817.................... 8.
1818.................... 4.
                          ——
                          24.

Il reste aujourd'hui trente-cinq dépôts, dont vingt-deux sont en activité et treize ne l'ont jamais été, ou ont reçu provisoirement une destination particulière. Plusieurs suppressions sont demandées.

TABLEAU GÉNÉRAL.

Le tableau ci-joint (n.° 4) contient des indications sur les dépôts qui ont été créés, ouverts et supprimés depuis 1808.

SITUATION en 1818.

Un second tableau (n.° 5) donne, pour 1818, la situation des dépôts existans, sous le rapport de la population et des frais.

D'après les lettres de création, ils doivent contenir............ 8,775.
La modicité des ressources départementales a exigé que ce nombre fût réduit, en 1818, à................................. 5,433.

DIMINUTION................. 3,342.

En supposant que le nombre des reclus soit tel qu'il a été indiqué par les budgets, ce qui doit être le *maximum* de la population admissible, l'entretien de chacun revient à plus de 250 francs par année.

L'impossibilité de soulager toutes les souffrances, et l'inefficacité des dépôts de mendicité, considérés, soit comme moyen de répression, soit comme institutions de bienfaisance, étant reconnues, il ne reste qu'à rechercher si des secours appliqués d'une autre manière, et répartis plus également sur toute la population indigente et laborieuse, ne seraient pas préférables dans l'intérêt de la société, comme dans celui des pauvres. Il semble qu'on aurait fait un grand pas vers le mieux, si l'on était parvenu à offrir une occupation utile et productive aux pauvres qui sont en état de travailler, sans qu'une forte part des ressources fût absorbée par des frais de bâtimens et d'administration. Les associations charitables et la bienfaisance des particuliers, qui s'exerce presque toujours à propos et avec discernement, feraient le reste à l'égard des pauvres qui sont hors d'état de travailler.

RECHERCHE d'un mode plus efficace et moins coûteux.

Quant au pauvre valide, les secours en argent ou en nature le laissent dans l'oisiveté; ils l'habituent même à la paresse: le travail, au contraire, l'entretient dans une utile activité, et l'accoutume à chercher son existence dans l'emploi de ses forces.

L'administration ne doit certainement pas, quand elle le pourrait, procurer du travail, dans toutes les conjonctures, à tous ceux qui en demanderaient: ce serait, d'un côté, ôter aux classes laborieuses l'inquiétude salutaire qui les porte à rechercher le mode d'occupation qui peut leur être le plus profitable; et, d'un autre côté, donner aux fonds dont l'administration disposerait, un emploi forcé, beaucoup moins avantageux à l'industrie que celui qu'ils recevraient en suivant la direction de l'intérêt particulier: mais il est des circonstances où le Gouvernement doit prêter son assistance.

Si, par suite d'intempéries ou d'une mauvaise récolte, par le ralentissement du commerce ou la chute d'une branche d'industrie, la population d'un canton ou d'un département se trouve plongée dans la détresse; si à-la-fois la subsistance devient plus coûteuse et les moyens de se la procurer plus difficiles, c'est alors que l'humanité et la prudence font à l'administration un devoir de porter des secours à cette population, d'aider à la soutenir jusqu'à ce que l'équilibre entre les besoins et les ressources se soit rétabli; et les secours les plus efficaces, les plus utiles, les plus propres à accélérer le rétablissement de cet équilibre, consistent dans le travail. En soulageant les besoins momentanés du pauvre, le travail a encore le double avantage de lui inspirer des habitudes salutaires, et de laisser des résultats durables.

ATELIERS DE CHARITÉ. Ce sont ces principes qui ont dicté les mesures prises, pour le soulagement de la classe indigente, dans les conjonctures pénibles où s'est trouvé le Royaume après les mauvaises récoltes de 1816. VOTRE MAJESTÉ avait mis à ma disposition un fonds extraordinaire pour aider à la subsistance de la classe laborieuse: les Préfets ont reçu l'expresse recommandation d'employer en travaux de charité les sommes accordées sur ce fonds aux départemens; et, dans le rapport que j'ai mis sous les yeux de VOTRE MAJESTÉ, en décembre 1817, je lui ai rendu compte des succès obtenus de l'emploi de ce secours. Les départemens, les communes, les particuliers, se sont empressés de s'associer à la bienfaisance de VOTRE MAJESTÉ, et d'accroître les secours destinés à procurer de l'ouvrage aux malheureux; et tandis que ces travaux soutenaient l'existence d'un grand nombre d'indigens, ils rendaient à la France des routes depuis long-temps abandonnées, réparaient une foule de communications, en ouvraient de nouvelles, ou contribuaient à l'assainissement des cités.

Le Trésor n'a pu mettre, pendant le dernier hiver, aucun fonds de secours à ma disposition; mais il a distribué entre les départemens la portion du fonds de non-valeurs à la disposition du Gouvernement; et le Ministre des finances a consenti que, dans le cas où les sommes accordées à chaque département seraient plus que suffisantes pour couvrir les non-valeurs, remises et modérations de contributions, l'excédant fût employé en travaux de charité. Des sommes assez considérables, accrues par les ressources des communes et des départemens, ont reçu cette destination; et par-tout où il a été possible d'établir des ateliers de charité, le pauvre a été soulagé, et des travaux utiles ont été exécutés.

Les motifs que j'ai développés plus haut, et les résultats obtenus pendant ces deux dernières années, doivent faire vivement desirer que le ministère de l'intérieur puisse disposer, chaque année, d'un fonds spécial de secours, qu'il emploierait principalement à établir et à entretenir des ateliers de charité dans les lieux et aux époques où le besoin s'en fait sentir. Les Conseils généraux de plusieurs départemens ont voté quelques fonds pour cette destination dans les budgets départementaux ; mais les fonds dont ils peuvent disposer pour cet objet sont presque toujours insuffisans ; car les ressources de chaque département ne sont point proportionnées à ses besoins sous ce rapport : c'est au contraire dans les départemens les moins riches, que les besoins de la classe indigente sont les plus grands, et réclameraient le plus de secours. D'autres circonstances locales ou passagères peuvent aussi influer sur le nombre des pauvres : ainsi l'on voit ordinairement beaucoup plus de mendians dans les provinces de grande culture et dans celles où les manufactures se sont multipliées, que dans celles où la population se livre principalement à l'agriculture, et où les propriétés sont plus divisées. Il y aurait donc peu de justice à laisser à chaque département le soin de pourvoir, dans toutes les circonstances, sur ses propres ressources, aux besoins de la portion indigente de sa population ; et cet objet, plus que tout autre peut-être, réclame un fonds commun dont le Gouvernement puisse disposer suivant l'urgence des cas.

Le Gouvernement serait toujours avare de ce fonds ; il n'y ferait participer un département qu'après s'être bien convaincu que les ressources des localités n'y sont point suffisantes pour soutenir la classe indigente : mais les secours qu'il accorderait dans des circonstances pressantes, auraient de grands avantages ; ils préserveraient souvent du dénuement et du désespoir la population d'un canton, d'un arrondissement. Employés en ateliers de charité, ils exciteraient les communes et les particuliers à seconder le Gouvernement pour faire exécuter des travaux utiles. La réparation ou l'ouverture des routes et des chemins vicinaux sont le genre d'ouvrage qui peut occuper avec le plus de facilité et avec le plus de fruit la classe indigente. Il serait à desirer que, dans chaque département, on arrêtât, pour la restauration des chemins, un plan général, qui serait successivement suivi selon les ressources que l'on pourrait y consacrer. Les secours qu'accorderait le Gouvernement seraient un puissant encouragement pour accélérer l'exécution d'un tel plan ; et, dans peu d'années, on verrait les routes actuelles réparées, de nouveaux chemins ouverts, offrir à l'industrie de nouvelles communications, au commerce de nouveaux débouchés.

SECOURS
de 3 sous
par lieue.

En entretenant VOTRE MAJESTÉ des moyens qui me paraissent les plus propres à diminuer la mendicité, je suis naturellement amené à lui parler d'un usage qui, depuis 1790, s'est établi en France, et contre lequel ont réclamé les Conseils généraux de plusieurs départemens. Une loi du 13 juin 1790, dans le but de débarrasser la ville de Paris et ses environs de la foule de mendians qui les obstruaient, et de les renvoyer dans leur précédent domicile, a ordonné qu'il serait accordé un secours de *trois sous* par lieue, de dix lieues en dix lieues, à tout indigent porteur d'un passe-port. La loi n'a point spécifié si cette disposition ne serait que temporaire, ou si elle serait permanente ; mais l'usage en a maintenu l'application dans tout le royaume : ces secours se paient par les communes, qui en sont remboursées sur le fonds des dépenses imprévues des départemens. La dépense à laquelle ils donnent lieu s'est beaucoup accrue : on a remarqué que beaucoup de vagabonds abusaient de cette pratique pour parcourir la France en tous les sens, et c'est ce qui a motivé les réclamations de plusieurs Conseils généraux. Mais, si l'on supprimait les secours dont il s'agit, il deviendrait fort difficile de renvoyer d'une commune les mendians qui lui sont étrangers ; ils resteraient dans le lieu où ils se trouveraient, et la dépense qu'ils y occasionneraient serait certainement plus forte que celle du secours de trois sous par lieue qu'on leur accorde. Le ministère n'a cessé de prescrire toutes les précautions propres à détruire les abus qui se sont introduits dans la délivrance de ces secours : il renouvellera encore ses instructions ; mais, en admettant que l'on ne puisse détruire entièrement des abus qui ont leur source dans la compassion et l'humanité des autorités locales, on doit craindre de s'exposer à des inconvéniens plus graves encore, en rapportant la disposition à laquelle ils sont dus.

CHAPITRE V.

PRISONS.

L'ÉTAT des prisons est, depuis bien long-temps, l'objet de l'attention du Gouvernement. Dès 1670, une ordonnance du Roi a prescrit de les disposer de manière à les rendre saines et sûres. La classification des prisons, le régime intérieur, les ateliers, la surveillance, ont été déterminés par un grand nombre de lois et réglemens depuis 1790. Si les perfectionnemens ont été lents et incomplets, il faut l'attribuer sur-tout à l'énormité de la dépense qu'ils exigeaient.

CONSIDÉRATIONS GÉNÉRALES.

D'après la législation existante, les individus à détenir se divisent en cinq classes :
 1.° Les prévenus de délits ;
 2.° Les accusés de crimes ;
 3.° Les condamnés à des peines correctionnelles ;
 4.° Les condamnés à la reclusion ;
 5.° Les condamnés aux travaux forcés.

En conséquence, il doit y avoir des prisons distinctes dans lesquelles les sexes soient convenablement séparés ; savoir :

Dans chaque arrondissement, une maison d'arrêt ;

Dans chaque département, une maison de justice ;

Dans chaque département, une maison de correction ;

Et pour plusieurs départemens, une maison centrale ou maison de force ;

Les condamnés aux fers subissent leur peine dans les bagnes.

Le Code pénal établit deux peines, le bannissement et la déportation, qu'il n'a pas été possible d'infliger, parce que les puissances limitrophes du royaume ont refusé de recevoir les bannis, et que nous n'avons aucun lieu de déportation. En conséquence, le fort de Pierre-Châtel a été désigné pour la détention provisoire des condamnés au bannissement, et la maison centrale du Mont-Saint-Michel, pour celle des condamnés à la déportation. *(Art. 3 et 4 de l'ordonnance du 2 avril 1817.)*

La même ordonnance porte qu'il y aura dans les maisons centrales un quartier séparé où seront renfermés les individus condamnés par voie correctionnelle à une année au moins d'emprisonnement. Cette disposition est conforme à l'article 3, titre II de la loi du 22 juillet 1791. Elle tend principalement à diminuer le nombre des détenus dans les prisons ordinaires, et à dispenser les départemens de faire construire des maisons de correction ; mais, pour atteindre ce but, il faudra hâter la construction et l'agrandissement des maisons centrales.

PRISONS DÉPARTEMENTALES.

POPULATION.

D'après la classification qui vient d'être établie, les prisons départementales comprennent les maisons d'arrêt, de justice et de correction. Ces dernières ne devraient contenir que les condamnés dont la peine expire avant un an ; tous les autres condamnés seraient dirigés, soit sur les bagnes, soit sur les maisons centrales, à mesure que leurs jugemens sont devenus définitifs par le rejet des pourvois : mais jusqu'à présent cet ordre n'a pu être observé, parce que les maisons centrales n'ont pas une capacité proportionnée au nombre des individus condamnés à la réclusion et à plus d'un an d'emprisonnement. Les prisons départementales contiennent actuellement neuf mille quatre cents condamnés de cette espèce ; ce qui donne, pour chaque département, un nombre moyen de cent huit.

Le défaut d'air et d'espace, l'insalubrité, la difficulté d'établir des ateliers, la confusion des diverses classes de détenus, et tous les inconvéniens que l'on aperçoit encore dans les prisons départementales, seraient bien moindres si l'on pouvait en extraire tous les individus qui, selon les réglemens, devraient être renfermés ailleurs.

Sans doute il ne serait pas impossible d'améliorer les prisons des départemens et de les étendre au point qu'elles fussent suffisantes pour leur population actuelle ; mais, outre que ce parti serait infiniment plus coûteux et plus long que celui d'agrandir les maisons centrales et d'en augmenter le nombre, les dépenses énormes qu'il entraînerait n'auraient d'utilité que jusqu'à l'époque peu éloignée où les maisons centrales seraient achevées. Si, pour ne pas faire en même temps pour les unes et les autres des frais dont partie serait en pure perte, on suspendait les travaux des maisons centrales, on s'exposerait à laisser indéfiniment disséminés dans les prisons ordinaires une foule de condamnés qui seront bien mieux surveillés dans de grands établissemens. C'est donc à augmenter la capacité et le nombre des maisons centrales qu'il faut principalement s'attacher. Dès qu'elles pourront contenir tous les condamnés, les prisons seront presque par-tout suffisantes, et les améliorations qui resteront à faire n'excéderont pas les ressources des départemens.

Au 1.er juillet dernier, les prisons départementales contenaient :

Prévenus ou accusés.	10,331.
Condamnés à moins d'un an.	2,264.
Condamnés aux travaux forcés attendant le transfèrement.	1,386.
Condamnés en appel, ou en pourvoi.	502.
Condamnés à plus d'un an qui ne peuvent être reçus dans les maisons centrales.	9,378.
TOTAL.	23,861.

On voit que la population des prisons serait diminuée de deux cinquièmes, si les condamnés à un an et plus de détention en étaient retirés.

Les fournitures en alimens à faire aux prisonniers ont été réglées par un arrêté du 23 nivôse an 9 : elles se composent d'une ration de pain pesant vingt-quatre onces, et d'un litre de soupe aux légumes. Cette disposition avait pour objet d'accorder à tous les détenus la même nourriture, d'en déterminer la composition de manière qu'elle fût suffisante, et de retrancher tout ce qui augmentait sans nécessité les dépenses publiques.

RÉGIME.

Quoique cet arrêté soit fort ancien, l'uniformité qu'il avait prescrite ne s'est établie que difficilement. A mesure que les déviations de la règle sont connues du ministère, il donne des ordres pour la faire observer.

Les fournitures doivent se faire d'après des adjudications au rabais consenties par les Préfets ou par leurs délégués. Pour qu'il se présente des entrepreneurs, il faut que les marchés s'étendent à plusieurs années ; c'est là ce qui explique le haut prix des rations dans les départemens où l'on a contracté pendant que les grains étaient chers.

Des instructions ministérielles ont défendu d'accorder aux gardiens des prisons l'entreprise des fournitures d'alimens *(19 frimaire an 6, 22 vendémiaire an 8)*.

On pourrait croire une pareille défense inutile, car l'inconvenance de la réunion des deux services en une même main est si manifeste, qu'elle ne devrait pas échapper aux autorités locales; les gardiens ont trop d'empire sur les détenus, pour que ceux-ci aient la faculté de se plaindre en cas de fraude sur la qualité ou la quantité des fournitures: cependant il est encore des prisons où les concierges préparent et livrent une partie des alimens. Mais dès que cette irrégularité est connue, le ministère s'empresse d'y porter remède.

TRAVAUX. Aussi long-temps que les prisons départementales seront encombrées par les condamnés, il ne sera guère possible d'y former des ateliers de travail, parce que la plupart n'offrent pas l'espace nécessaire. Lorsque les maisons centrales auront absorbé ces condamnés, l'organisation des travaux en grand rencontrera d'autres obstacles. Les prévenus et accusés qu'on ne peut astreindre au travail, formeront les deux tiers de la population des prisons départementales. Les condamnés qui attendent leur transférement, n'ont pas le temps de faire un apprentissage; il en est de même de ceux qui n'ont qu'une courte détention à subir. Tout ce qu'il sera possible de faire en faveur des prisonniers, sera de traiter pour l'introduction de travaux extrêmement faciles, et de laisser à ceux qui sauront un métier la faculté de l'exercer, pourvu qu'il n'en puisse résulter aucun danger pour l'ordre et la sûreté de la maison.

ÉCONOMIES. Les moyens d'obtenir des économies sur les dépenses des prisons consistent,

1.° Dans le renouvellement des marchés qui ont été passés à une époque où les denrées étaient très-chères;

2.° Dans l'exactitude des paiemens; les retards qu'ont souvent éprouvés les ournisseurs, écartent la concurrence et font monter les prix;

3.° Dans le zèle que les autorités locales mettront à exercer la surveillance qui est dans leurs attributions, et que trop souvent elles négligent.

MAISONS CENTRALES.

DESTINATION. Ces établissemens sont destinés à renfermer les individus condamnés à la reclusion ou à plus d'une année d'emprisonnement. On y retient momentanément ceux qui ont encouru les peines du bannissement ou de la déportation, et qui sont peu nombreux.

Le nombre des condamnés était,

(33)

POPULATION.

Au 1.ᵉʳ septembre 1817, de............ 19,970.
Au 1.ᵉʳ janvier.. 1818, de............ 20,084.
Au 1.ᵉʳ avril.... 1818, de............ 19,823.
Au 1.ᵉʳ juillet... 1818, de............ 20,078.

ce qui donne un terme moyen de *vingt mille* environ (tableau n.° 6).

Les maisons, au nombre de quinze, qui reçoivent actuellement des détenus, peuvent en contenir (tableau n.° 6)........................... 10,767.

Il en est dont les constructions ne sont pas encore terminées. Lorsqu'elles auront reçu l'accroissement dont elles sont susceptibles, leur population pourra être augmentée de..................... 4,523.

Les maisons créées, mais non encore appropriées à leur destination et qui ne pourront être ouvertes qu'après l'exécution des travaux projetés, donneront un nombre de places que je porte à.......... 2,000.

TOTAL............ 17,290.

Pour que le nombre de places fût égal à celui des condamnés, il en faudrait encore... 2,710.

20,000.

Il est nécessaire de chercher dans les départemens de l'*Est* et du *Sud* trois bâtimens propres à être convertis en maisons centrales, pour 2,710 individus.

Si le nombre des détenus devait se maintenir constamment au terme moyen de 20,000, et si l'on voulait qu'ils fussent admis aussitôt que leurs jugemens sont devenus définitifs, il serait indispensable de former des établissemens qui offrissent au moins un *dixieme* de places en sus de ce nombre ; car la population totale des maisons centrales se compose d'élémens variables, et l'excédant qui se produit d'un côté, n'est point compensé par la diminution qu'il y aurait de l'autre.

Je suppose que les maisons centrales soient préparées pour 20,000 individus, et que les condamnés de toute la France soient en nombre égal ; il arrivera quelquefois que le nombre des prisonniers excédera la capacité des maisons dans le *Midi*, tandis que celles du *Nord* ne seraient pas entièrement occupées : le cas contraire peut se présenter après un court intervalle ; et cependant on ne ferait pas refluer les condamnés d'une partie de la France sur l'autre, à cause de l'éloignement, des frais, et de l'encombrement qui pourrait avoir lieu bientôt après.

Intérieur.—Rapport.

E

La population des prisons, divisée par sexes, ne se maintient pas dans une proportion constante. Les quartiers des hommes et des femmes étant disposés selon des évaluations approximatives, et séparés comme l'exige l'ordre dans les établissemens, il y aura insuffisance de places, tantôt pour les hommes, tantôt pour les femmes.

Enfin il doit être établi une distinction entre les individus qui ont été condamnés pour crimes à la reclusion, peine infamante, et ceux qui n'ont encouru que des peines correctionnelles pour de simples délits. La proportion entre les uns et les autres n'étant pas toujours égale, il s'ensuit que les quartiers qui leur sont respectivement affectés seront ou trop grands ou trop petits.

Cependant je propose de limiter à vingt mille le nombre des places dans les maisons centrales, parce qu'il n'est pas démontré que l'état actuel des choses doive être permanent, et que si, comme il est permis de l'espérer, le nombre des détenus descend par la suite à dix-huit mille, les deux mille places excédantes compenseront l'effet des variations inévitables dans la quantité de condamnés de chaque région, de chaque classe et de chaque sexe.

Il est vrai que, d'après les renseignemens communiqués par le ministère de la justice, le nombre des crimes qui ont donné lieu à des poursuites, et les condamnations prononcées (tableau n.° 7), ont suivi dans les dernières années une progression croissante. Leur nombre a été, en 1817, double de ce qu'il était en 1815; mais cette augmentation provient en partie de la misère où étaient plongées quelques provinces, des poursuites exercées pour délits politiques, et de la cherté des subsistances, qui a occasionné beaucoup de vols et d'attroupemens. On est donc fondé à croire que des circonstances plus heureuses diminueront le nombre des coupables.

Quoi qu'il en soit, la position de la France n'a pas été, sous ce rapport, plus fâcheuse que celle de l'Angleterre. Les comptes rendus à la Chambre des Communes, dans la dernière session, montrent (tableau n.° 8) que les condamnations ont aussi augmenté tous les ans, et qu'elles ont à-peu-près doublé de 1815 à 1817.

ORGANISATION.

Les maisons centrales étant communes à plusieurs départemens, et ne pouvant être l'objet de la surveillance journalière des Préfets, parce que la plupart sont situées loin du chef-lieu, et quelques-unes dans des villages ou dans des bâtimens presque isolés, il a fallu que le ministère eût un moyen de faire vérifier la gestion des préposés. Un inspecteur général a été créé par l'ordonnance du 2 avril 1817 ; il visite successivement ces maisons, et il rend compte de la manière dont s'y fait le service. L'utilité de cette inspection a été appréciée ; elle donne les moyens de connaître les améliorations à faire, et de ramener le régime et la discipline à des règles uniformes.

Le nombre des employés est proportionné à la population des établissemens. Il y a dans chacun un directeur, un inspecteur, un greffier et des subalternes dont le nombre varie ; un aumônier est chargé d'administrer les secours spirituels ; un médecin, un chirurgien, un pharmacien, avec des infirmiers ou des sœurs de charité, donnent leurs soins aux malades.

Les employés supérieurs sont nommés par le Ministre.

La nourriture se compose, comme dans les autres prisons, d'une ration de pain et d'une soupe aux légumes. Les fournitures sont encore inégales en composition et en proportion, parce que les marchés passés en différens temps n'avaient pas été assujettis à une règle générale. A mesure qu'ils expirent et qu'on les renouvelle, l'égalité s'établit.

RÉGIME.

Le cahier des charges actuellement adopté détermine ainsi qu'il suit les rations que l'administration fait délivrer :

Le *pain* est composé de farine, moitié froment, moitié seigle, blutée à 15 centièmes d'extraction de son ; il doit être bien cuit et rassis de vingt-quatre heures. La ration est de 24 onces.

Soupe : par cent détenus, 30 kilogrammes de pommes de terre, 5 kilogrammes de pain, 10 litres de légumes, 2 litres de gruau, 1 kilogramme 1/2 de graisse, un litre de vinaigre, du sel et du poivre en quantité suffisante. La ration est d'un litre ou environ.

Les détenus achètent à la cantine que tient l'entrepreneur, les autres alimens qu'ils desirent, et ils les paient avec le salaire de leur travail.

L'entrepreneur emploie les condamnés suivant leur capacité. Le prix de la journée ou de la tâche est fixé à un quart au-dessous du prix ordinaire du commerce. Un tiers du produit du travail appartient à l'administration, qui l'abandonne en totalité ou en partie à l'entrepreneur pour réduire d'autant le prix de journée ; un tiers est remis comptant à l'ouvrier ; le dernier tiers est mis en réserve et s'accumule jusqu'au moment où le détenu est élargi. Cette réserve lui donne les moyens de pourvoir à ses premiers besoins, et de se procurer des instrumens de travail.

TRAVAUX.

On voit que le détenu a un intérêt actuel à être laborieux pour se procurer quelques jouissances, et que son application est encore récompensée par l'accumulation d'une portion de salaire dont il dispose après l'expiration de sa peine. Un encouragement non moins puissant a été donné par l'ordonnance du 6 février 1818, qui promet des grâces ou des réductions de peines aux condamnés qui se seront fait remarquer par leur bonne conduite et par leur exactitude au travail. Depuis que ces dispositions bienfaisantes sont connues des détenus, ils ont montré plus de soumission et de bonne volonté.

Mais l'activité des ateliers formés dans les maisons centrales, quelque utile qu'elle soit pour diminuer les dépenses et pour donner aux condamnés l'habitude de l'ordre et du travail, n'est pas toujours sans inconvéniens pour les ouvriers libres.

Les entrepreneurs qui emploient les détenus choisissent d'ordinaire les genres de fabrication usités dans le pays, parce que, dans ce cas, il est plus aisé de trouver des chefs d'ateliers habiles, des métiers, des matières premières et des débouchés pour les produits. Les fabriques des prisons créent promptement quelques centaines d'ouvriers de plus, et établissent une concurrence d'autant plus incommode pour les ateliers libres, que les entrepreneurs qui ont traité avec l'administration jouissent d'une remise assez considérable sur le prix de la journée et de la tâche. Déjà quelques réclamations ont été présentées à ce sujet : on s'occupe des moyens de garantir, autant qu'il sera possible, les intérêts des ouvriers libres, sans ralentir l'activité des travaux dans les maisons centrales. Le moyen le plus sûr serait d'y introduire un genre d'industrie inconnu ou peu pratiqué en France. Des essais ont été faits ; ils donnent beaucoup d'espérances.

IMPUTATION
des dépenses.

L'ordonnance du 2 avril 1817 a mis à la charge des centimes centralisés les dépenses des maisons centrales et l'entretien des condamnés à plus d'un an de détention qui, ne pouvant être admis dans ces établissemens, restent encore dans les prisons ordinaires. Cette disposition a été consacrée par l'article 68 de la loi des finances du 15 mai 1818.

Quant aux dépenses propres des maisons centrales, il était indispensable de les imputer sur les centimes versés au trésor, 1.° parce qu'elles ne concernent pas un département en particulier ; 2.° parce qu'il eût été fort difficile d'assigner un contingent à payer par département ; 3.° parce que, à l'époque où les allocations étaient faites par portion dans les budgets départementaux, le Préfet du chef-lieu de la circonscription ne parvenait presque jamais à faire rentrer la totalité des fonds, et que toujours les versemens s'effectuaient avec une lenteur préjudiciable au service.

D'autres considérations motivent la mesure qui a été arrêtée relativement à la dépense des condamnés qui restent dans les prisons des départemens. Après avoir posé le principe que tous les condamnés à plus d'un an de détention devaient être renfermés dans les maisons centrales, et, par conséquent, entretenus au moyen des centimes versés au trésor, il fallait rendre égale la condition des départemens, et ne pas faire supporter aux uns des frais dont d'autres auraient été déchargés : or, les maisons centrales étant plus nombreuses dans une partie du royaume que dans d'autres, il serait arrivé que les condamnés de quelques départemens y auraient été reçus presque tous, et qu'ailleurs ils seraient restés long-temps encore, et en grand nombre, dans les prisons ordinaires. C'est pour éviter cette espèce de lésion, que l'on a imputé sur les mêmes fonds l'entretien des condamnés, soit qu'ils puissent ou non être actuellement transférés dans les maisons centrales.

Le tableau (n.º 9) indique l'époque de la création des maisons, l'origine des bâtimens, les sommes allouées pour constructions, et la somme qui est présumée nécessaire pour les achever. *DÉPENSES extraordinaires.*

Celles qui sont en activité, coûteront.................... 1,930,000.^f
Pour mettre les autres en état de recevoir des prisonniers, il faudra dépenser environ............................... 760,000.
Enfin, les trois nouvelles maisons qui restent à établir exigeront une dépense qui ne saurait être moindre de................. 1,800,000.
Le mobilier nécessaire aux détenus se compose des vêtemens d'hiver et d'été et de la literie : il reste à acheter 7,460 fournitures complètes, qui, à 96 francs chacune, coûteront............... 716,160.

TOTAL des dépenses extraordinaires........ 5,206,160.

D'après les marchés passés avec des entrepreneurs, tant pour la nourriture et l'entretien, que pour les travaux des détenus, la journée de détention coûte à-peu-près 50 centimes, non compris les frais d'administration, de réparation des bâtimens, de garde et de surveillance. En répartissant tous les frais sur le nombre de journées, chaque condamné coûte 60 centimes par jour (tableau n.º 10). *DÉPENSES ordinaires.*

La population des maisons pouvant être portée, en 1819, à onze mille trois cent cinquante-sept individus, la dépense calculée à 60 centimes, sera de 2,487,183 francs (tableau n.° 11).

Le nombre total des condamnés étant évalué, pour 1819, à..... 20,000.
Et les maisons centrales devant en recevoir cette année......... 11,357.
Il en restera dans les prisons ordinaires.................... 8,643.

Le prix moyen de la journée, d'après les comptes établis par les Préfets, revient, dans les prisons ordinaires (tableau n.° 12), à 52 centimes environ.

Cette dépense n'a été allouée, pour 1818, qu'à raison de 40 centimes, taux moyen, dans les budgets des départemens, parce qu'il fallait se renfermer dans les limites que marquaient les ressources de l'année, et que d'ailleurs on avait conçu, à l'égard de la baisse du prix du grain, des espérances qui ne se sont pas réalisées assez tôt.

La modicité du taux établi pour 1818, a excité des réclamations. Plusieurs Préfets ont démontré que la dépense effective excédait les allocations; mais ils ont, pour la plupart, exagéré le prix de journée, en supposant que les fonds centralisés devaient contribuer aux salaires des concierges, à la réparation des bâtimens et à d'autres dépenses qui sont départementales, et que n'accroît pas la présence de quelques condamnés dont les consommations seules doivent être remboursées.

Cependant, la plupart des Conseils généraux ont reconnu que, dans le premier essai d'un mode nouveau qui décharge les départemens de l'entretien des condamnés, il n'avait pas été possible de calculer rigoureusement les dépenses, et que les ressources du ministère étant excessivement bornées, il n'avait pu s'empêcher de restreindre toutes les allocations dont l'insuffisance provenait, au moins en partie, de circonstances qu'on n'avait pu prévoir : en conséquence, ils ont voté, pour 1818, des supplémens qui assureront le service.

En adoptant, pour 1819, le taux de 45 centimes, la dépense pour 8643 condamnés sera de 1,419,613 francs.

La dépense des maisons centrales étant de.............. 2,487,183 [f]
et le remboursement à faire aux départemens, pour les condamnés qui restent dans leurs prisons, de...................... 1,419,613.
les dépenses ordinaires s'élèvent à...................... 3,906,796.
(Tableau n.° 11.)

CONDAMNÉS AUX TRAVAUX FORCÉS.

Pour compléter l'énumération des individus qui sont privés de leur liberté, il reste à parler des forçats. Ils sont détenus dans les bagnes, qui dépendent du ministère de la marine. Ces établissemens peuvent contenir 11,240 condamnés; savoir :

Brest	3,900.
Lorient	1,540.
Rochefort	1,800.
Toulon	4,000.
TOTAL	11,240.

Les vacances de places, tant par mort que par libération, varient de 1/8 à 1/9 par année, ce qui donne un terme moyen de 0,12.

Ainsi, la population des bagnes étant complète, il s'y ferait annuellement un vide de 1,350 individus au plus, et ce nombre sera probablement au-dessous de celui des condamnés d'une année.

Au commencement de 1814, les bagnes, au nombre de neuf, contenaient :

Cherbourg	330.	
Brest	3,569.	
Lorient	1,533.	
Rochefort	1,439.	
Toulon	4,432.	16,305.
Anvers	1,919.	
Gênes	838.	
La Spezzia	638.	
Civita-Vecchia	1,607.	
Outre les	5,002	
forçats qui étaient dans les quatre bagnes qui ne font plus partie de la France, il y avait, dans les ports français, des étrangers qu'on a renvoyés en 1814, au nombre de	2,422.	7,424.
RESTE, au 1.er janvier 1815		8,881.

Le bagne de Cherbourg a été supprimé, et réuni à celui de Brest à la fin de 1815.

Depuis 1815, le nombre des forçats a augmenté dans les bagnes. Il était,

    Au 1.er janvier 1815, de........................... 8,881.
    En 1816, terme moyen entre le 1.er janvier et le 31 décembre. 8,833.
    En 1817, 1.er juillet, de............................. 9,345.
    En 1818, 1.er mars, de.............................. 9,923.

Cette augmentation s'explique par la progression croissante des condamnations (tableau n.° 7). Si les charges qui pèsent sur d'autres pays pouvaient adoucir nos regrets, nous verrions, par le tableau n.° 8, que le gouvernement anglais se trouve dans une position semblable.

En considérant le nombre des condamnés et celui des individus conduits dans les ports depuis quelques années, on peut craindre que les établissemens de la marine ne deviennent insuffisans. Voici le relevé approximatif qui a été fait :

   Condamnations de 1814.................. 1210.
   Transports de 1815............................... 835.
   Condamnations de 1815................. 1,500.
   Transports de 1816............................. 1,359.
   Condamnations de 1816................. 2100.
   Transports de 1817............................. 1,800.
   Condamnations de 1817................. 3,280.
   Transports de 1818, après le 1.er mars.................... 1,960.

D'après les détails qui précèdent, on reconnaît que, si le nombre des condamnations ne diminue pas prochainement, les bagnes ne pourront bientôt plus recevoir tous les forçats. Comme il est impossible d'avoir aucune certitude à cet égard, ce serait peut-être le moment de préparer les moyens de suppléer au défaut de capacité des établissemens qui existent.

Si les forçats restaient dans les prisons départementales, il y aurait encombrement toujours croissant, jusqu'à ce que les maladies contagieuses, qui frappent les prévenus comme les condamnés, et les gardiens comme les prisonniers, eussent détruit l'excédant de population : les évasions seraient plus faciles; la garde et la surveillance des prisons exigeraient plus d'employés et une force armée plus considérable ; les dépenses à la charge des centimes additionnels seraient augmentées. Les inconvéniens et les dangers de la détention des forçats dans les prisons ordinaires, seraient tels, qu'on ne peut admettre cette supposition.

Les condamnés aux travaux forcés seront-ils envoyés dans les maisons centrales ! J'ai exposé plus haut que ces maisons sont encore bien loin de se trouver en rapport avec le nombre des individus que la loi désigne comme devant y subir leur peine. D'ailleurs la peine des travaux forcés se trouverait, par le fait, commuée en celle de la reclusion.

La marine augmentera-t-elle ses établissemens ?

Le nombre des forçats est calculé, dans chaque port, sur l'importance des travaux maritimes auxquels il est possible d'occuper leurs bras. Augmenter la population du bagne, ce serait rassembler des condamnés pour les laisser oisifs, ce qui serait opposé à la volonté de la loi et aux termes de la condamnation.

Fera-t-on des bagnes de terre pour les travaux des mines, des routes, des fortifications ?

D'après les renseignemens qui ont été recueillis, les difficultés et les frais immenses de l'exécution de pareils projets paraissent devoir en détourner. Des criminels aussi redoutables exigent une surveillance trop assidue et une garde trop nombreuse.

Les expériences faites en France sur les militaires condamnés au boulet, qui sont bien moins dangereux que les forçats, ne laissent guère d'espoir de succès. Les essais tentés dans les pays étrangers ont été rarement satisfaisans ; et lors même que, dans quelques contrées, on aurait fait construire un ouvrage public par des forçats, il resterait à savoir si cet ouvrage n'eût pas été fait mieux, plus vîte et à moins de frais, par des ouvriers libres.

Serait-il à propos d'appliquer les individus conduits aux bagnes à des travaux forcés dans des contrées lointaines ?

En considérant l'effet que produisent les châtimens infligés aux criminels, on serait disposé à embrasser l'idée d'en purger définitivement le royaume ; car entre les forçats libérés, il en est beaucoup qui reprennent leurs anciennes habitudes, et qui, par la fréquentation d'autres grands coupables, reviennent plus dangereux et plus corrompus qu'ils ne l'étaient avant leurs jugemens.

Mais, indépendamment des questions qui seront à examiner lorsqu'il s'agira de déterminer ce qui a rapport à la peine en elle-même, il faudrait désigner un lieu de déportation, et calculer les frais de l'établissement et de son entretien, afin de juger si le changement projeté ne serait pas trop onéreux pour les finances.

Les colonies, qui promettent un commerce avantageux au Royaume, ont besoin, pour se relever, que les hommes et les capitaux s'y portent. Ne serait-ce pas diminuer l'attrait qu'elles peuvent offrir aux spéculateurs et aux hommes industrieux, les flétrir en quelque sorte, que d'en faire le dépôt des criminels que la mère-patrie rejetterait! Ne risquerait-on pas d'y compromettre la sûreté des personnes et des biens! Ne serait-ce pas, alors, mettre obstacle à leur prospérité!

Si les déportés étaient dirigés sur quelque possession dépourvue d'habitans, de culture et d'industrie, il faudrait fonder pour eux un établissement particulier dont les frais seraient grands et le succès incertain : peut-être la France serait-elle obligée de pourvoir, pendant long-temps, à leur subsistance. Mais à un si grand éloignement, mille chances peuvent empêcher ou retarder les transports.

Un lieu trop rapproché serait favorable aux tentatives d'évasion. S'il était trop éloigné, le transport deviendrait excessivement coûteux. L'établissement de Botany-Bay n'a pas répondu à l'attente de l'Angleterre ; et plus d'une fois il a été question d'y renoncer à cause de la dépense énorme qu'occasionnent les déportés, et qui paraît s'élever à 2,400 francs par homme.

Il y a trop peu de temps que les colonies ont repris leurs relations avec la France, pour qu'il ait été possible de recueillir toutes les informations qui seraient nécessaires ; et, d'ailleurs, le nombre des individus à déporter en vertu de jugemens, était trop petit pour qu'il fût important de pourvoir à leur transport hors du territoire européen.

C'est la progression croissante du nombre des prisonniers et des forçats, qui m'a suggéré l'idée d'appliquer la déportation à un plus grand nombre de crimes. Mais je sens qu'il serait imprudent de rien précipiter ; et, si je me borne en ce moment à exposer à VOTRE MAJESTÉ l'état des choses, et les embarras que l'administration rencontre, c'est parce que, avant de proposer aucune mesure, j'ai besoin de faire, de provoquer de plus amples recherches, et d'appeler l'attention publique à l'aide de l'administration.

Je suis avec respect,

SIRE,

DE VOTRE MAJESTÉ,

Le très-dévoué et très-fidèle sujet,
Le Ministre Secrétaire d'état au département de l'intérieur,
LAINÉ.

[N.° 1.er] *ÉTAT DU MONTANT des Legs et Donations faits en faveur des pauvres et des hôpitaux, et dont l'acceptation a été autorisée pendant les années 1814, 1815, 1816, 1817 et 1818 jusqu'au 1.er Décembre.*

DÉPARTEMENS.	1814.	1815.	1816.	1817.	1818 jusqu'au 1.er Déc.e
Ain	8,000f 00c	843f 10c	3,146f 70c	6,200f 00c	14,000f
Aisne	22,689. 55.	″	20,458. 00.	24,319. 00.	58,193.
Allier	″	2,000. 00.	1,800. 00.	17,459. 00.	″
Alpes (Basses)	5,002. 89.	411. 50.	900. 00.	20,000. 00.	3,000.
Alpes (Hautes)	″	3,200. 00.	4,900. 00.	″	8,030.
Ardèche	1,195. 00.	16,700. 00.	3,600. 00.	5,000. 00.	32,996.
Ardennes	13,800. 00.	″	44,800. 00.	5,970. 37.	9,200.
Ariège	8,500. 00.	″	7,600. 00.	5,700. 00.	35,840.
Aube	30,103. 71.	1,000. 00.	96,200. 00.	38,550. 00.	14,565.
Aude	30,035. 55.	2,450. 00.	30,100. 00.	232,374. 47.	47,016.
Aveyron	53,030. 71.	2,173. 50.	7,943. 20.	2,800. 00.	69,054.
Bouches-du-Rhône	25,112. 37.	20,900. 00.	9,402. 00.	20,045. 00.	21,200.
Calvados	600. 00.	″	31,200. 00.	2,500. 00.	35,750.
Cantal	4,000. 00.	600. 00.	12,960. 00.	3,600. 00.	97,500.
Charente	1,000. 00.	″	11,305. 00.	5,732. 00.	400.
Charente-Inférieure	14,450. 60.	″	″	1,360. 00.	6,695.
Cher	710. 00.	″	600. 00.	″	6,323.
Corrèze	6,700. 00.	″	″	400. 00.	5,200.
Corse	″	″	″	″	″
Côte-d'Or	18,965. 39.	10,800. 00.	53,393. 85.	69,195. 75.	56,613.
Côtes-du-Nord	12,720. 00.	″	7,479. 55.	″	10,360.
Creuse	12,000. 00.	1,600. 00.	18,000. 00.	″	5,000.
Dordogne	7,600. 00.	″	9,485. 50.	500. 00.	17,100.
Doubs	3,088. 40.	4,500. 00.	1,601. 65.	5,500. 00.	31,155.
Drôme	26,000. 00.	3,000. 00.	5,925. 00.	2,200. 00.	123,542.
Eure	″	2,640. 00.	600. 00.	3,000. 00.	10,762.
Eure-et-Loir	″	3,997. 70.	″	25,000. 00.	86,989.
Finistère	900. 00.	″	″	5,927. 74.	1,400.
Gard	16,600. 00.	7,400. 00.	14,656. 75.	11,200. 00.	8,260.
Garonne (Haute)	22,899. 00.	287,212. 75.	52,400. 00.	82,994. 75.	89,607.
Gers	″	″	26,940. 00.	″	69,320.
Gironde	6,100. 00.	4,200. 00.	17,827. 15.	35,422. 23.	27,500.
Hérault	18,399. 50.	26,000. 00.	37,430. 00.	2,000. 00.	50,007.
Ille-et-Vilaine	5,202. 32.	3,166. 00.	5,300. 00	4,100. 00.	21,743.
Indre	2,087. 00.	360. 00.	1,200. 00.	″	5,785.
Indre-et-Loire	4,300. 00.	3,300. 00.	4,288. 20.	5,000. 00.	8,849.
Isère	″	″	48,513. 00.	13,311. 16.	43,150.
Jura	55,545. 75.	18,933. 30.	33,850. 00.	″	12,256.
Landes	3,000. 00.	″	1,000. 00.	6,500. 00.	6,370.
Loir-et-Cher	9,974. 20.	″	500. 00.	″	11,840.
Loire	1,975. 00.	7,600. 00.	10,500. 00.	3,500. 00.	34,316.
Loire (Haute)	3,000. 00.	3,500. 00.	14,600. 00.	3,000. 00.	34,520.
Loire-Inférieure	″	″	4,113. 95.	″	8,050.
A reporter	455,286. 23.	438,487. 75.	661,459. 50.	670,361. 47.	1,239,396.

(44)

DÉPARTEMENS.	1814.	1815.	1816.	1817.	1818 jusqu'au 1.er Déc.e
Report........	455,286f 23c	438,487f 75c	661,459f 50c	670,361f 47c	1,239,396f
Loiret................	21,622. 46.	1,400. 00.	12,236. 00.	76,650. 00.	21,700.
Lot...................	"	"	19,200. 00.	17,546. 35.	83,100.
Lot-et-Garonne.........	8,600. 00.	19,793. 75.	36,450. 00.	74,734. 58.	24,740
Lozère................	"	1,000. 00.	24,521. 50	600. 00.	16,965.
Maine-et-Loire.........	33,275. 31	1,400. 00.	24,205. 00.	520. 00.	43,673.
Manche................	11,400. 00.	13,906. 45.	34,645. 70	15,589. 00.	22,200.
Marne.................	9,920. 00.	"	33,113. 00	24,846. 55.	9,070.
Marne (Haute).........	3,000. 00.	"	6,070. 00.	500. 00.	21,800.
Mayenne..............	4,500. 00.	13,317. 35.	19,616. 00.	8,000. 00.	71,233.
Meurthe...............	4,205. 75.	30,790. 10.	47,960. 00.	8,600. 00.	36,200.
Meuse.................	2,975. 00.	400. 00.	9,141. 25.	21,100. 00.	22,051.
Morbihan..............	500. 00.	"	"	"	80,400.
Moselle...............	"	"	31,333. 10.	100,400. 00.	16,220.
Nièvre................	150. 00.	"	7,000. 00.	"	950.
Nord..................	5,561. 61.	3,000. 00.	27,450. 00.	"	57,172.
Oise..................	10,187. 65	32,400. 00.	15,400. 00.	"	168,313.
Orne..................	5,752. 66.	"	3,600. 00.	3,000. 00.	800.
Pas-de-Calais..........	9,780. 00.	14,686. 00.	34,804. 30.	30,500. 00.	36,884.
Puy-de-Dôme..........	4,268. 36.	4,000. 00.	10,593. 65.	5,640. 00.	23,182.
Pyrénées (Basses)......	2,043. 08.	14,776. 00.	24,105. 55.	2,500. 00.	44,890.
Pyrénées (Hautes)......	"	"	9,371. 45.	"	3,070.
Pyrénées-Orientales....	1,200. 00.	"	"	"	280.
Rhin (Bas)............	1,200. 00.	2,900. 00.	30,637. 00.	3,000. 00.	5,200.
Rhin (Haut)..........	4,000. 00.	"	8,000. 00.	6,000. 00.	9,054.
Rhône................	23,405. 29.	9,100. 00.	35,300. 00.	35,800. 00.	144,825.
Saone (Haute).........	"	"	4,000. 00.	9,800. 00.	"
Saone-et-Loire.........	19,400. 00.	10,900. 00.	29,700. 00.	93,765. 00.	24,060.
Sarthe................	29,802. 90.	34,552. 90.	44,058. 85	34,135. 74.	57,680.
Seine.................	1,900. 00.	29,500. 00.	120,000. 00.	219,400. 00.	30,272.
Seine-Inférieure.......	9,184. 00.	5,000. 00.	600. 00.	100,574. 41.	52,500.
Seine-et-Marne........	400. 00.	2,000. 00.	6,400. 00	38,331. 00.	38,696.
Seine-et-Oise..........	52,766. 50.	2,000. 00.	82,080. 00.	5,510. 00.	29,628.
Sèvres (Deux).........	1,000. 00.	4,800. 00.	"	32,700. 00.	"
Somme................	2,000. 00.	7,995. 60.	13,800. 00.	29,700. 00.	32,359.
Tarn..................	5,160. 00.	4,200. 00.	8,886. 50.	27,185. 00.	5,100.
Tarn-et-Garonne.......	4,700. 00.	4,300. 00.	27,466. 60.	24,600. 00.	76,400.
Var...................	8,251. 18.	4,200. 00.	20,550. 00.	18,646. 97.	22,861.
Vaucluse..............	32,351. 85.	3,762. 00.	34,812. 35.	12,760. 00.	24,283.
Vendée...............	"	"	"	9,207. 35.	2,250.
Vienne................	13,000. 00	2,000. 00.	2,000. 00.	26,400. 00.	7,735.
Vienne (Haute)........	3,000. 00.	"	66,200. 00.	25,000. 00.	6,350.
Vosges................	560. 00.	"	46,469. 70.	9,500. 00.	11,868.
Yonne................	6,495. 35.	2,700. 00	16,000. 00.	3,446. 73.	16,217.
TOTAUX......	812,805. 18.	737,267. 90.	1,725,537. 00.	1,837,054. 16.	2,640,827.

[N.° 2.]

TABLEAU

De la Dépense présumée des Enfans trouvés et des Enfans abandonnés entretenus à la campagne pendant 1818, et des Ressources au moyen desquelles il y sera pourvu.

(46)

DÉPARTEMENS.	NOMBRE présumé D'ENFANS à entretenir.	DÉPENSE PRÉSUMÉE.	RESSOURCES AFFECTÉES A LA DÉPENSE			
			SOMMES allouées au budget départemental.	SOMMES allouées au budget de centimes facultatifs.	PRODUIT des amendes et confiscations.	SOMMES assignées sur les hospices.
Ain..............	670.	40,230f 00c	20,000f 00c	"	1,200f 00c	1,900f 00c
Aisne.............	1,000.	79,000. 00.	58,000. 00.	"	3,000. 00.	"
Allier............	1,330.	66,000. 00.	50,000. 00.	16,000f 00c	"	"
Alpes (Basses).....	785.	65,940. 00.	63,600. 00.	"	340. 00.	2,000. 00.
Alpes (Hautes).....	325.	36,465. 00.	36,000. 00.	"	465. 00.	"
Ardèche...........	352.	28,723. 00.	27,987. 00.	"	736. 00.	"
Ardennes..........	496.	38,540. 00.	20,000. 00.	"	140. 00.	"
Ariége............	340.	31,280. 00.	30,000. 00.	"	1,280. 00.	"
Aube.............	460.	33,120. 00.	30,000. 00.	"	3,120. 00.	"
Aude.............	700.	46,800. 00.	36,000. 00.	9,900. 00.	1,800. 00.	"
Aveyron..........	1,590.	105,300. 00.	81,419. 00.	"	300. 00.	"
Bouches-du-Rhône...	3,010.	165,550. 00.	100,000. 00.	53,150. 00.	550. 00.	11,850. 00.
Calvados..........	1,582.	136,407. 00.	100,000. 00.	"	"	"
Cantal............	1,060.	60,000. 00.	50,000. 00.	"	300. 00.	2,160. 00.
Charente..........	976.	59,000. 00.	57,500. 00.	"	1,500. 00.	"
Charente-Inférieure.	1,253.	69,000. 00.	62,586. 00.	"	"	"
Cher.............	810.	54,000. 00.	44,000. 00.	10,000. 00.	"	"
Corrèze...........	585.	35,283. 00.	34,771. 00.	"	512. 00.	"
Corse.............	230.	23,000. 00.	22,600. 00.	"	400. 00.	"
Côte-d'Or.........	400.	34,533. 00.	28,533. 00.	"	6,000. 00.	"
Côtes-du-Nord.....	440.	48,000. 00.	30,000. 00.	"	"	"
Creuse............	887.	60,300. 00.	60,000. 00.	"	300. 00.	"
Dordogne.........	1,485.	98,000. 00.	68,000. 00.	"	1,000. 00.	"
Doubs............	1,000.	60,000. 00.	40,000. 00.	"	16,000. 00.	4,000. 00.
Drôme............	980.	56,000. 00.	50,000. 00.	"	1,000. 00.	"
Eure.............	524.	45,056. 00.	38,000. 00.	"	3,000. 00.	"
Eure-et-Loir.......	420.	42,000. 00.	20,000. 00.	"	1,500. 00.	"
Finistère..........	1,300.	95,000. 00.	60,800. 00.	"	200. 00.	"
Gard.............	947.	53,500. 00.	34,000. 00.	"	3,000. 00.	7,600. 00.
Garonne (Haute)....	1,679.	110,226. 00.	100,000. 00.	"	2,000. 00.	8,226. 00.
Gers.............	1,300.	78,000. 00.	47,700. 00.	30,000. 00.	300. 00.	"
Gironde..........	2,300.	165,600. 00.	100,000. 00.	60,000. 00.	5,600. 00.	"
Hérault...........	500.	52,500. 00.	14,000. 00.	18,500. 00.	2,000. 00.	"

SOMMES mises à la charge des communes.	TOTAL.	EXCÉDANT.	DÉFICIT.	OBSERVATIONS.
"	40,200f 00c	"	"	(a) D'après l'état de répartition qui sera dressé par le Préfet, il sera pourvu au déficit en 1819.
9,000f 00c (a)	70,000. 00.	"	9,000f 00c	
"	66,000. 00.	"	"	
"	65,940. 00.	"	"	
"	36,465. 00.	"	"	
"	28,723. 00.	"	"	
18,400 (b)	38,540. 00.	"	"	(b) D'après l'état de répartition arrêté par le Préfet.
"	31,280. 00.	"	"	
"	33,120. 00.	"	"	
4,500. 00 (c)	46,200. 00.	"	"	(c) Idem.
23,581. 00 (d)	105,300. 00.	"	"	(d) Sur toutes les communes proportionnellement à leurs revenus.
"	165,550. 00.	"	"	
36,407. 00 (e)	136,407. 00.	"	"	(e) Sur six villes principales, d'après l'état arrêté par le Préfet.
7,540. 00 (f)	60,000. 00.	"	"	(f) D'après l'état de répartition qui sera arrêté par le Préfet.
"	59,000. 00.	"	"	
"	62,586. 00.	"	7,000. 00.	
"	54,000. 00.	"	"	
"	35,283. 00.	"	"	
"	23,000. 00.	"	"	
"	34,533. 00.	"	"	
18,000. 00 (g)	48,000. 00.	"	"	(g) Sur toutes les communes, proportionnellement à leurs revenus.
"	60,300. 00.	"	"	
29,000. 00 (h)	98,000. 00.	"	"	(h) Idem.
"	60,000. 00.	"	"	
5,000. 00 (i)	56,000. 00.	"	"	(i) Sur toutes les communes, proportionnellement à leurs revenus.
4,056. 00 (j)	45,056. 00.	"	"	(j) A la charge des communes pouvant supporter cette dépense.
20,500. 00 (k)	42,000. 00.	"	"	(k) D'après l'état de répartition qui sera arrêté par le Préfet.
34,000. 00 (l)	95,000. 00.	"	"	(l) D'après l'état de répartition arrêté par le Préfet.
8,900. 00 (m)	53,500. 00.	"	"	(m) Sur les onze principales communes, d'après l'état arrêté par le Préfet.
"	110,226. 00.	"	"	
"	78,000. 00.	"	"	
"	165,600. 00.	"	"	
18,000. 00 (n)	52,500. 00.	"	"	(n) D'après l'état de répartition arrêté par le Préfet.

DÉPARTEMENS.	NOMBRE présumé D'ENFANS à entretenir.	DÉPENSE PRÉSUMÉE.	RESSOURCES AFFECTÉES A LA DÉPENSE			
			SOMMES allouées au budget départemental.	SOMMES allouées au budget des centimes facultatifs.	PRODUIT des amendes et confiscations.	SOMMES assignées sur les hospices.
Ille-et-Vilaine........	1,747.	88,334f 31c	50,000f 00c	"	1,500f 00c	36,834c 31 (a)
Indre...............	730.	50,370. 00.	40,000. 00.	6,000f 00c	1,000. 00.	"
Indre-et-Loire........	562.	44,145. 00.	36,000. 00.	"	2,400. 00.	"
Isère...............	1,100.	63,000. 00.	52,000. 00.	"	3,409. 97.	"
Jura................	410.	35,640. 00.	23,140. 00.	"	2,500. 00.	"
Landes.............	690.	48,000. 00.	30,000. 00.	8,000. 00.	"	"
Loir-et-Cher.........	585.	59,990. 00.	44,000. 00.	"	2,000. 00.	4,290. 00.
Loire...............	800.	46,048. 00.	43,000. 00.	"	3,048. 00.	"
Loire (Haute)........	861.	54,872. 00.	40,000. 00.	"	"	14,872. 00.
Loire-Inférieure......	1,098.	80,000. 00.	45,000. 00.	5,000. 00.	"	"
Loiret..............	978.	70,000. 00.	70,000. 00.	"	"	"
Lot.................	668.	40,080. 00.	24,000. 00.	"	"	"
Lot-et-Garonne.......	945.	80,000. 00.	80,000. 00.	"	"	"
Lozère..............	270.	27,000. 00.	26,600. 00.	"	400. 00.	"
Maine-et-Loire.......	1,630.	131,172. 00.	100,000. 00.	"	1,800. 00.	3,140. 00 (1)
Manche.............	1,400.	95,500. 00.	95,000. 00.	"	500. 00.	"
Marne..............	818.	71,460. 00.	54,000. 00.	16,460. 00.	1,000. 00.	"
Marne (Haute).......	650.	42,000. 00.	22,000. 00.	12,000. 00.	3,000. 00.	"
Mayenne............	780.	57,330. 00.	57,000. 00.	" (1).	330. 00.	"
Meurthe.............	1,475.	126,500. 00.	83,000. 00.	"	4,500. 00.	"
Meuse..............	483.	39,552. 00.	15,000. 00.	"	6,900. 00.	5,500. 00.
Morbihan............	946.	89,781. 00.	62,000. 00.	"	452. 00.	"
Moselle.............	1,100.	86,000. 00.	35,000. 00.	"	3,000. 00.	"
Nièvre..............	708.	75,000. 00.	40,000. 00.	35,000. 00.	300. 00.	"
Nord...............	3,000.	212,640. 00.	100,640. 00.	"	"	2,000. 00.
Oise................	660.	50,700. 00.	45,000. 00.	"	3,000. 00.	"
Orne................	1,000.	70,000. 00.	49,000. 00.	"	1,000. 00.	"
Pas-de-Calais........	1,684.	136,000. 00.	50,000. 00.	80,000. 00.	6,000. 00.	"
Puy-de-Dôme........	2,300.	189,750. 00.	86,000. 00.	14,000. 00.	1,800. 00.	"
Pyrénées (Basses)....	1,150.	70,000. 00.	50,000. 00.	"	300. 00.	"
Pyrénées (Hautes)....	500.	30,000. 00.	27,000. 00.	"	400. 00.	"
Pyrénées-Orientales...	330.	22,885. 00.	15,000. 00.	"	885. 00.	"

SOMMES mises à la charge des communes.	TOTAL.	EXCÉDANT.	DÉFICIT.	OBSERVATIONS.
"	88,334f 31c	"	"	(a) Les hospices y pourvoiront, soit sur leurs revenus, soit sur les fonds qui leur sont alloués par les communes.
3,500. 00 (b).	50,500. 00.	130f 00c	"	(b) Sur vingt-cinq comm.es, d'après l'état de répartition arrêté par le Préfet.
"	38,400. 00.	"	5,745f 00c	
7,590. 03 (c).	63,000. 00.	"	"	(c) Sur le fonds restant libre sur les prélèvemens des revenus communaux.
10,000. 00 (d).	35,640. 00.	"	"	(d) D'après l'état de répartition qui sera dressé par le Préfet.
10,000. 00 (e).	48,000. 00.	"	"	(e) Idem.
9,700. 00 (f).	59,990. 00.	"	"	(f) Idem.
"	46,048. 00.	"	"	
"	54,872. 00.	"	"	
"	50,000. 00.	"	30,000. 00.	
"	70,000. 00.	"	"	
16,080. 00 (g).	40,080. 00.	"	"	(g) D'après l'état de répartition dressé par le Préfet.
"	80,000. 00.	"	"	
"	27,000. 00.	"	"	(1) À la charge de l'hospice de Beaufort.
27,032. 00 (h).	131,172. 00.	"	"	(h) D'après l'état de répartition dressé par le Préfet.
"	95,500. 00.	"	"	
"	71,460. 00.	"	"	(i) À la charge des communes les plus aisées, d'après l'état de répartition dressé par le Préfet.
5,000. 00 (i).	41,000. 00.	"	"	(1) Le conseil général a voté un supplément de 12,166 fr. pour faire face aux dépenses extraordinaires.
"	57,330. 00.	"	"	
35,000. 00 (j).	122,500. 00.	"	4,000. 00.	(j) D'après l'état de répartition dressé par le Préfet.
12,152. 00 (k).	39,552. 00.	"	"	(k) À la charge des communes propriétaires de bois, sur les coupes de 1818 supérieures à 500 francs.
24,000. 00 (l).	86,452. 00.	"	3,329. 00.	(l) À la charge de toutes les communes, au marc le franc de leurs revenus.
48,000. 00 (m).	86,000. 00.	"	"	(m) D'après l'état de répartition qui sera dressé par le Préfet.
"	75,300. 00.	300. 00.	"	
110,000. 00 (n).	212,640. 00.	"	"	(n) À la charge des communes, d'après l'état de répartition qui sera proposé par le Préfet et arrêté par le Ministre de l'intérieur.
2,700. 00 (o).	50,700. 00.	"	"	(o) À la charge des quatre villes principales, d'après l'état de répartition qui sera dressé par le Préfet.
16,000. 00 (p).	66,000. 00.	"	4,000. 00.	(p) Sur toutes les communes, au centime le franc de leurs revenus.
"	136,000. 00.	"	"	
13,300. 00 (q).	115,100. 00.	"	74,650. 00.	(q) À la charge de quatre communes portées sur l'état de répartition dressé par le Préfet.
10,000. 00 (r).	60,300. 00.	"	9,700. 00.	(r) À la charge de quatre villes principales, d'après l'état dressé par le Préfet.
2,600. 00 (s).	30,000. 00.	"	"	(s) Idem.
7,000. 00 (t).	22,885. 00.	"	"	(t) À la charge de la ville de Perpignan.

Intérieur. — Rapport.

DÉPARTEMENS.	NOMBRE présumé D'ENFANS à entretenir.	DÉPENSE PRÉSUMÉE.	RESSOURCES AFFECTÉES A LA DÉPENSE			
			SOMMES allouées au budget départemental.	SOMMES allouées au budget des centimes facultatifs.	PRODUIT des amendes et confiscations.	SOMMES assignées sur les hospices.
Rhin (Bas)........	937.	180,311f 00c	51,827f 00c	"	4,000f 00c	46,335f 70c
Rhin (Haut).......	220.	19,745. 00.	13,000. 00.	"	6,745. 00.	"
Rhône............	5,165.	222,095. 00.	156,000. 00.	19,000f 00c	1,500. 00.	15,595. 00.
Saone (Haute).....	85.	10,500. 00.	4,000. 00.	"	6,500. 00.	"
Saone-et-Loire.....	918.	74,000. 00.	34,000. 00.	"	2,000. 00.	6,000. 00.
Sarthe...........	894.	58,000. 00.	57,000. 00.	"	1,000. 00.	"
Seine............	12,057.	1,100,000. 00.	500,000. 00.	"	5,000. 00.	250,000. 00.
Seine-Inférieure....	2,300.	207,000. 00.	130,000. 00.	"	7,000. 00.	"
Seine-et-Marne.....	223.	9,000. 00.	"	"	9,000. 00.	"
Seine-et-Oise......	94.	9,776. 00.	6,171. 00.	"	3,605. 00.	"
Sèvres (Deux).....	460.	33,120. 00.	28,000. 00.	"	1,120. 00.	"
Somme...........	1,370.	93,845. 00.	100,775. 00.	"	3,400. 00.	"
Tarn.............	800.	60,450. 00.	40,000. 00.	"	1,000. 00.	"
Tarn-et-Garonne...	363.	34,485. 00.	34,000. 00.	"	485. 00.	"
Var..............	1,700.	115,000. 00.	100,000. 00.	"	2,000. 00.	"
Vaucluse.........	1,200.	108,000. 00.	75,000. 00.	"	"	"
Vendée...........	440.	41,800. 00.	36,000. 00.	1,000. 00.	500. 00.	"
Vienne...........	1,000.	60,000. 00.	60,000. 00.	"	"	"
Vienne (Haute)....	1,132.	55,489. 00.	49,000. 00.	"	489. 00.	3,000. 00.
Vosges...........	72.	8,640. 00.	8,000. 00.	"	640. 00.	"
Yonne............	968.	80,000. 00.	60,000. 00.	"	3,000. 00.	"
	96,372.	7,137,314. 31.	(*)4,741,649. 00.	394,010. 00.	167,151. 97.	442,403. 01.

(*) Il a été alloué, pour le service des enfans trouvés, dans les budgets des dépenses variables des départemens, de 1818, une somme de 4,751,049f; mais sur cette somme, 9,400f ont été allouées, savoir, 6,000 comme secours aux hospices du département de l'Aveyron, pour les mettre à même de pourvoir à la dépense des layettes et vêtures; et 3000f comme supplément, dans le département de la Lozère, pour couvrir la dépense de 1817; de sorte que les sommes allouées pour le service des enfans entretenus à la campagne, en 1818, ne se portent réellement qu'à 4,741,649f, comme l'indique le présent tableau.

(51)

SOMMES mises à la charge des communes.	TOTAL.	EXCÉDANT.	DÉFICIT.	OBSERVATIONS.
71,975^f 30^c (a)	174,137^f 30^c	"	6,173^f 00^c	(a) A la charge de toutes les communes.
"	19,745. 00.	"	"	
30,000. 00. (b)	222,095. 00.	"	"	(b) A la charge de la ville de Lyon.
"	10,500. 00.	"	"	
21,000. 00. (c)	63,000. 00.	"	11,000. 00.	(c) A répartir entre toutes les communes.
"	58,000. 00.	"	"	
0	755,000. 00.	"	345,000. 00. (1)	(1) Il sera pourvu, dans le budget municipal de la ville de Paris, aux fonds nécessaires pour couvrir l'insuffisance des ressources.
45,000. 00. (d)	72,000. 00.	"	25,000. 00.	(d) D'après l'état qui sera dressé par le Préfet.
"	9,000. 00.	"	"	
"	9,776. 00.	"	"	
4,000. 00. (e)	33,120. 00.	"	"	(e) D'après l'état qui sera dresé par le Préfet.
"	104,175. 00.	10,330^f 00^c	"	
19,450. 00. (f)	60,450. 00.	"	"	(f) Sur les quatre villes principales, d'après l'état proposé par le Préfet.
"	34,485. 00.	"	"	
13,000. 00. (g)	115,000. 00.	"	"	(g) Sur toutes les communes, au centime le franc de leurs revenus.
25,000. 00. (h)	100,000. 00.	"	8,000. 00.	(h) Par les quatre villes principales, au *prorata* des enfans à leur charge.
4,500. 00. (i)	42,000. 00.	200. 00.	"	(i) Sur les douze principales communes, au centime le fr. de leurs revenus.
"	60,000. 00.	"	"	
3,000. 00. (j)	55,489. 00.	"	"	(j) A la charge de la ville de Limoges.
"	8,640. 00.	"	"	
17,000. 00. (k)	80,000. 00.	"	"	(k) Sur toutes les communes.
860,463. 33.	6,605,677. 31.	10,960. 00.	542,597. 00.	

[N.° 3.]

TABLEAU des principaux Établissemens où sont reçus en France les Aliénés.

NOMS DES VILLES OU COMMUNES où sont situés LES ÉTABLISSEMENS.		DÉPARTEMENS.	DÉSIGNATION de L'ÉTABLISSEMENT.	POPULATION de chaque ÉTABLISSEMENT en aliénés.
HOSPICES spécialement consacrés aux aliénés.	Armentières....	Nord..........	Maison de santé........	110.
	Avignon.......	Vaucluse.......	Maison royale de santé....	69.
	Bordeaux......	Gironde........	Hospice des aliénés.......	106.
	Charenton.....	Seine..........	Maison royale de Charenton.	430.
	Lille..........	Nord..........	Maison de force.........	80.
	Marseille......	Bouches-du-Rhône...	Hospice des aliénés.......	82.
	Maréville......	Meurthe.......	Maison de Maréville......	250.
	Saint-Méen....	Ille-et-Vilaine...	Hospice...............	95.
			TOTAL......	1,222.
HÔPITAUX GÉNÉRAUX.	Aix...........	Bouches-du-Rhône...	Hospice...............	92.
	Albi..........	Tarn...........	Idem.................	12.
	Angers........	Maine-et-Loire...	Idem.................	76.
	Clermont......	Puy-de-Dôme....	Idem.................	50.
	Dijon..........	Côte-d'Or.......	Idem.................	32.
	Le Mans.......	Sarthe.........	Idem.................	113.
	Lille..........	Nord..........	Idem.................	45.
	Limoges.......	Haute-Vienne....	Idem.................	120.
	Lyon..........	Rhône.........	L'Antiquaille.........	180.
	Mâcon.........	Saone-et-Loire...	Hospice...............	11.
	Montpellier....	Hérault........	Idem.................	16.
	Nantes........	Loire-Inférieure..	Idem.................	150.
	Nîmes.........	Gard...........	Idem.................	40.
	Orléans.......	Loiret.........	Idem.................	43.
	Paris..........	Seine..........	Hospice de la Salpêtrière... 1,197. Hospice de Bicêtre....... 550.	1,747.
	Poitiers.......	Vienne.........	Hospice...............	14.
	Rouen.........	Seine-Inférieure...	Idem.................	78.
	Saumur........	Maine-et-Loire...	Idem.................	90.
	Strasbourg.....	Bas-Rhin.......	Idem.................	60.
	Saint-Servan...	Ille-et-Vilaine...	Idem.................	15.
	Saint-Nicolas, près Nancy..	Meurthe.......	Idem.................	51.
	Toulouse.......	Haute-Garonne...	Idem.................	105.
	Tours.........	Indre-et-Loire...	Idem.................	56.
			TOTAL.......	3,196.

NOMS DES VILLES OU COMMUNES où sont situés LES ÉTABLISSEMENS.		DÉPARTEMENS.	DÉSIGNATION de L'ÉTABLISSEMENT.	POPULATION de chaque ÉTABLISSEMENT en aliénés.
MAISONS de force ou de détention, ou dépôts de mendicité.	Arras..................	Pas-de-Calais.......	Maison d'Arras...........	120.
	Auxerre...............	Yonne............	Dépôt de mendicité.......	10.
	Alençon...............	Orne.............	Idem.................	15.
	Amiens................	Somme...........	Idem.................	18.
	Besançon...............	Doubs............	Maison de Bellevaux.......	30.
	Bordeaux..............	Gironde..........	Fort du Ha.............	12.
	Châlons...............	Marne............	Maison d'Ostende.........	26.
	Caen..................	Calvados..........	Bicêtre................	71.
	Charité-sur-Loire.......	Nièvre............	Idem.................	12.
	Laon..................	Aisne............	Idem.................	55.
	Mousson...............	Meurthe..........	Idem.................	12.
	Poitiers................	Vienne...........	Idem.................	19.
	Rennes................	Ille-et-Vilaine......	Maison de force..........	68.
	Saint-Venant...........	Pas-de-Calais......	Idem.................	40.
	Toulouse...............	Haute-Garonne.....	Quartier de force.........	105.
			TOTAL.......	613.

RÉCAPITULATION.

Hospices spécialement consacrés aux aliénés............... 1,222.
Hôpitaux généraux.. 3,196.
Maisons de force ou de détention, ou dépôts de mendicité........ 613.

                      TOTAL GÉNÉRAL...... 5,031.

[N.° 4.]

TABLEAU

Des Dépôts de Mendicité créés par suite d'un Décret du 5 juillet 1808.

(56)

DÉPÔTS DE MENDICITÉ créés par

DÉPARTEMENS.	LETTRES de CRÉATION.	NOMBRE de mendians à renfermer d'après les lettres de création.	LIEUX OÙ SONT SITUÉS LES DÉPÔTS.		SOMMES FIXÉES		DATE de la mise en activité.
			NOMS des villes.	NOMS des édifices.	pour le premier établissem.^t (*)	pour les frais d'entretien.	
Aïn............	22 nov. 1810.	150 à 200.	Près Bourg.	Ancien couvent des Augustins de Brou.	132,000^f	40,000^f	19 mai 1812.
Aisne..........	16 mars 1809.	500.	Près Laon.	Ancienne abbaye de Montreuil.	200,000.	100,000.	1.er mai 1810.
Allier.........	15 nov. 1811.	250.	Près Moulins.	Ancien couvent des Bénédictines d'Izeure.	320,000.	50,000.	"
Alpes (Basses).....	3 mars 1809	150.	Digne.	Bâtimens de la Charité.	35,000.	27,222.	1.er nov. 1810.
Alpes (Hautes). ...	9 oct. 1810.	200.	Gap.	Casernes de la ville.	200,000.	38,000.	"
Ardèche........	31 oct. 1810	300.	"	Au château de la Voûte.	205,198.	"	1.er janv. 1813.
Ardennes........	29 août 1809.	500.	"	Abbaye de Mouzon.	250,000.	100,000.	1.er déc. 1812.
Arlège.........	15 oct. 1809.	200.	"	Ancien évêché de Saint-Lizier.	84,000.	40,000.	2 déc. 1811.
Aube..........	17 févr. 1809.	400.	"	Abbaye de Clairvaux.	100,910.	60,000.	1.er avril 1809.
Bouches-du-Rhône.	25 janv. 1810.	400.	Aix.	Hospice de la Charité.	210,239.	100,000.	1.er févr. 1811.
Calvados........	21 oct. 1809.	500.	Caen.	Bâtimens de l'abbaye aux Dames de Caen.	200,000.	900,00.	1.er févr. 1812.
Charente.......	8 déc. 1810.	4 à 500.	Angoulême.	Hôpital général.	280,000.	110,000.	"
Charente-inférieure.	8 mai 1811.	300.	La Rochelle.	Couvent des Dames Blanches.	180,000.	75,000.	"
Côte-d'Or......	11 juillet 1811.	25 à 300.	Semur.	Couvent des Ursulines.	220,000.	60,000.	"
Dordogne......	14 juillet 1812.	250.	"	Abbaye de Brantôme.	181,000.	50,000.	"
Doubs.........	29 août 1809.	3 à 400.	Besançon.	Maison de Bellevaux.	150,000.	80,000.	1.er janv. 1810.
Drôme.........	14 mai 1813.	200.	Valence.	Fonderie de Valence.	245,589.	30,000.	"
Eure...........	5 sept. 1810.	400.	Évreux.	Couvent des Jacobins.	240,000.	80,000.	1.er févr. 1811.
Finistère.......	"	"	"	"	"	"	"
Gard...........	20 déc. 1810.	300.	Nîmes.	Dans la citadelle.	124,527.	60,000.	15 nov. 1811.
Garonne (Haute)...	8 févr. 1811.	400.	Toulouse.	Couvent de Sainte-Claire.	160,000.	100,000.	1.er févr. 1812.
Gironde........	15 nov. 1811.	500.	Bordeaux.	Bâtiment de l'ancien dépôt.	880,000.	125,000.	1.er janv. 1813.

(57)

suite d'un Décret du 5 Juillet 1808.

ÉTAT ACTUEL des ÉTABLISSEMENS.	ÉPOQUE où la suppression et la transformation de quelques dépôts ont été ordonnées.	TRANSFORMATION de QUELQUES DÉPÔTS.	OBSERVATIONS.
En activité.	"	"	.
En activité.	"	"	
Non en activité; pas tout-à-fait construit.	"	"	Le conseil général desire sa suppression; il doit donner un avis définitif en 1819.
Supprimé.	9 nov. 1816.	"	Les bâtimens ont été *rendus* à la l'hospice de Digne, &c.
Supprimé.	5 févr. 1817.	"	Les bâtimens ont été *rendus* à la ville de Gap.
Supprimé.	21 oct. 1818.	"	Il paraît que les bâtimens appartiennent aux héritiers Soubise.
En activité.	"	"	
En activité.	"	"	
Transformé.	7 août 1816.	Réuni à la maison centrale.	
En activité.	"	"	Le conseil général en a demandé cette année la suppression; il y a en ce moment, à ce sujet, un projet d'ordonnance royale au conseil d'état. Les bâtimens appartiennent aux hospices.
Supprimé.	26 août 1818.	"	Il sera statué plus tard sur la destination à donner aux bâtimens.
Transformé.	4 sept. 1816.	en collége royal de la marine.	Ce dépôt n'a jamais été mis en activité.
"	"	"	
En construction; presque achevé.	"	"	Le conseil général desirerait en faire un hôpital général. Le Ministre a écrit au Préfet à ce sujet, et lui a fait des observations.
En construction; terminé aux trois quarts environ.	"	"	Les travaux sont suspendus depuis long-temps. Le conseil général n'a émis aucun vœu en 1816, 1817 et 1818.
Transformé.	16 oct. 1816.	en maison de correction; par suite d'une décision du 16 octobre 1816.	
Supprimé.	10 oct. 1816.	"	Il n'a jamais été mis en activité; les bâtimens ont été *rendus* à la guerre.
Supprimé.	21 oct. 1818.	"	Il avait été évacué en 1817. Les bâtimens sont donnés aux hospices d'Évreux.
Supprimé.	22 févr. 1816.	Séminaire.	Le dépôt n'a pas été créé; mais un décret avait autorisé l'acquisition d'un local. Une ordonnance royale, du 22 février 1816, cède les bâtimens à l'évêque pour le séminaire.
En activité.	"	"	
Supprimé.	21 oct. 1818.	"	L'établissement est supprimé par une ordonnance royale du 21 octobre 1818. Il sera évacué d'ici au 1.er janvier 1819. Les bâtimens sont rendus aux hospices de Toulouse, auxquels ils appartiennent.
Évacué depuis 1815.	"	"	Il a servi d'hôpital militaire en 1815. Il n'a pas été remis en activité depuis. Le conseil général n'a délibéré, ni en 1817, ni en 1818, sur la destination à donner aux bâtimens.

Intérieur. — Rapport.

(58)

DÉPARTEMENS.	LETTRES de CRÉATION.	NOMBRE de mendians à renfermer d'après les lettres de création.	LIEUX OÙ SONT SITUÉS LES DÉPÔTS.		SOMMES FIXÉES		DATE de la mise en activité.
			NOMS des villes.	NOMS des édifices.	pour le premier établissem.t (*)	pour les frais d'entretien.	
Hérault.........	1.er juill. 1809.	600.	Montpellier.	Maison dite prov.re de détention.	180,148f	120,000f	16 avril 1810.
Ille-et-Vilaine.....	20 sept. 1809.	2 à 300.	Rennes.	Bâtiment des dames Budes.	150,000.	82,000.	23 juillet 1810.
Indre-et-Loire......	18 janv. 1811.	250.	Tours.	Couvent des Récollets.	200,000.	50,000.	"
Isère............	7 mai 1812.	350.	Près Grenoble.	Ancien couvent de S.t Robert.	235,000.	70,000.	sept. 1816.
Jura	31 juillet 1811.	250.	Dole.	Ancien couvent des Carmes.	220,000.	50,000,	mai 1816.
Loire............	20 sept. 1809.	250.	"	Ancien prieuré de Savigneux.	217,000.	78,000.	"
Loire (Haute)....	29 déc. 1810.	200.	"	Château de Monistrol.	200,000.	50,000.	"
Loire-Inférieure...	29 oct. 1809.	500.	Nantes.	Couvent de Saint-Jacques.	300,000.	90,000.	1.er janv. 1815.
Loiret..........	29 août 1813.	300.	Orléans.	Bâtim.t du couv.t de S.t-Charles	319,633.	85,000.	"
Lot............	9 oct. 1810.	300.	Cahors.	Ancien couvent de Saint-Gery.	120,000.	55,000.	"
Lot-et-Garonne....	9 oct. 1810.	300.	Agen.	Ancien hospice de Las.	213,469.	55,000.	1.er janv. 1813.
Maine-et Loire,...	5 avril 1811.	3 à 400.	Angers.	Maison conventuelle et abbatiale de Saint-Nicolas.	260,000.	80,000.	"
Manche.........	2 févr. 1809.	3 à 400.	Coutances.	Hôpital général.	74,625.	70,000.	4 févr. 1810.
Marne..........	9 févr. 1809.	400.	Châlons.	Maison d'Ostende.	102,642.	50,000.	1.er avril 1809.
Marne (Haute)...	11 juin 1809.	400.	Saint-Dizier.	Bâtimens dits de la Foudroyante.	225,000.	80,000.	1.er avril 1811.
Meuse..........	22 nov. 1810.	4 à 500.	Fains.	Ancien couv.t de Tiercelins.	381,986.	86,000.	"
Moselle.........	18 juillet 1811.	300.	"	Château de Gorze.	220,000.	60,000.	"
Nièvre..........	28 mai 1809.	200.	Charité-sur-Loire	Manufacture militaire.	160,000.	40,000.	11 mars 1812.
Nord...........	8 mars 1812.	1,000.	Près Lille.	Abbaye de Looz.	860,000.	200,000.	"
Oise............	21 août 1811.	400.	Noyon.	Couvent des Ursulines.	230,000.	75,000.	mai 1815.
Orne...........	6 août 1809.	300.	Alençon.	Ancienne maison dite de Bicêtre	69,389.	60,000.	1.er sept. 1810.
Rhin (Bas)......	3 mars 1809.	800.	Haguenau.	Hôpital militaire.	160,000.	120,000.	15 nov. 1812.
Rhin (Haut)	29 nov. 1810.	4 à 500.	Montbéliard.	Ancien château de la ville.	214,500.	110,000	mars 1812.

(59)

ÉTAT ACTUEL des ÉTABLISSEMENS.	ÉPOQUE où la suppression et la transformation de quelques dépôts ont été ordonnées.	TRANSFORMATION de QUELQUES DÉPÔTS.	OBSERVATIONS.
En activité.	"	"	
Supprimé.	16 août 1817.	"	Les bâtimens appartiennent à M. l'abbé *Carron*.
Supprimé.	22 févr. 1816.	"	Les bâtimens doivent être cédés à la ville de Tours, pour l'établissement d'une caserne d'infanterie.
Transformé.	6 nov. 1817.	Maison de correction.	
En activité.	"	"	
En construction.	"	"	Les travaux sont suspendus depuis long-temps. Le conseil général desire la suppression de l'établissement; il fera probablement connaître ses intentions définitives en 1819.
En construction.	"	"	.... *Idem.*
En activité.	"	"	Le conseil général, à sa dernière session, en a formellement demandé la suppression : il y a, à ce sujet, un projet d'ordonnance royale à l'examen du comité de l'intérieur du conseil d'état.
"	"	"	Le conseil général fera connaître, en 1819, ses intentions sur ce dépôt, qui n'a pas encore été mis en activité.
Transformé.	24 déc. 1817.	Caserne.	Le dépôt n'a jamais été mis en activité.
Évacué en 1817.	"	"	Le conseil général a demandé que les bâtimens fussent affectés aux enfans trouvés de tout le département. On examine.
En construction.	"	"	Les travaux sont suspendus depuis long-temps; ceux qui ont été faits sont liquidés. Le conseil général desire que les bâtimens soient cédés à madame *de Lévis-Mirepoix*, pour y fonder un pensionnat.
En activité.	"	"	
En activité.	"	"	L'administration est confiée à dix sœurs, sous la surveillance d'une commission de *cinq* membres.
"	"	"	Les bâtimens ont été occupés par les malades des troupes alliées; le conseil général desire la suppression de l'établissement.
"	"	"	Les bâtimens ont été occupés par les troupes alliées. Le conseil général desire la suppression du dépôt, et sa transformation en maison centrale d'enfans trouvés.
Transformé.	26 nov. 1817.	Maison de correction.	
Transformé.	6 août 1817.	Maison centrale.	Il n'a été fait que des travaux de conservation aux bâtimens destinés au dépôt, &c. : cet établissement n'a jamais été mis en activité.
En activité.	"	"	
En activité.	"	"	
Supprimé en 1815.	4 mars 1815.	"	Les bâtimens ont été remis au ministère de la guerre. Les mendians furent transférés au dépôt du Bas-Rhin.

H 2

DÉPARTEMENS.	LETTRES de CRÉATION.	NOMBRE de mendians à renfermer d'après les lettres de création.	LIEUX OÙ SONT SITUÉS LES DÉPÔTS.		SOMMES FIXÉES		DATE de la mise en activité.
			NOMS des villes.	NOMS des édifices.	pour le premier établissem.t (*)	pour les frais d'entretien.	
Saone (Haute)	3 mars 1809.	200.	Vesoul.	Maison des Capucins.	132,000.	"	1.er août 1810.
Sarthe	18 avril 1812.	300.	Le Mans.	Ancien séminaire de la Mission.	295,000.	60,000.	"
Seine	22 déc. 1808.	1,000.	"	Château de Villers-Cotterets.	300,000.	"	1.er févr. 1809.
Seine-inférieure	5 nov. 1810.	5 à 600.	"	Abbaye de Saint-Yon.	465,200.	130,000.	" 1812.
Seine-et-Marne	1.er juillet 1809.	500.	Meaux.	Ancien couv.t de Notre-Dame.	250,000.	100,000.	"
Seine-et-Oise	8 août 1811.	500.	Poissy.	Ancien couvent des Ursulines.	680,000.	100,000.	"
Sèvres (Deux)	15 oct. 1809.	300.	"	Ancienne abbaye de S.t Maixent.	104,941.	60,000.	15 oct. 1811.
Somme	6 août 1809.	500.	Amiens.	Ancien séminaire.	200,000.	100,000.	1.er juillet 1811.
Tarn-et-Garonne	13 oct. 1809.	2 à 300.	Près Montauban.	Ancienne manufacture de minoterie	183,000.	40,000.	25 nov. 1810.
Vendée	29 août 1809.	200.	Luçon.	Ancien séminaire.	90,000.	40,000.	1.er oct. 1811.
Vienne	29 oct. 1809.	300.	Poitiers.	Bâtiment de l'ancien dépôt.	90,000.	55,000.	19 nov. 1811.
Vienne (Haute)	29 sept. 1809.	150 à 200.	Limoges.	Bâtiment de l'ancien dépôt.	48,000.	36,000.	1.er oct. 1812.
Vosges	24 mars 1809.	300.	Épinal.	Ancien hôpital.	150,000.	60,000.	"
Yonne	22 oct. 1810.	150 à 200.	Auxerre.	L'hôpital général.	130,000.	44,000.	août ou sept. 1818

Nota. Les dépôts des autres départemens n'ont jamais été créés ; et la correspondance avec les préfets a été relative au choix du local, à la rédaction des plans et devis, à la création des ressources.

(61)

ÉTAT ACTUEL des ÉTABLISSEMENS.	ÉPOQUE où la suppression et la transformation de quelques dépôts ont été ordonnées.	TRANSFORMATION de QUELQUES DÉPÔTS.	OBSERVATIONS.
Supprimé.	26 mars 1817.	"	Les bâtimens sont en ce moment occupés par un bataillon de la légion du département.
Supprimé.	4 mars 1816.	"	Les bâtimens ont été rendus à leur première destination.
En activité.	"	"	
En activité.	"	"	
Supprimé.	23 juin 1814.	"	Il n'a jamais été mis en activité. Il a été supprimé, en 1814, par une décision particulière de SA MAJESTÉ. Les bâtimens servent de caserne à la garde royale.
Transformé.	18 juin 1817.	Maison de correction.	Le dépôt n'a jamais été mis en activité.
En activité.	"	"	
Supprimé.	13 nov. 1816.	Séminaire.	Les bâtimens ont été rendus à leur ancienne destination.
Transformé.	21 déc. 1816.	En maison de correction.	
En activité.	"	"	
En activité.	"	"	
En activité.	"	"	
En construction.	"	"	Il reste peu de travaux à faire. Le conseil général desire la suppression de l'etablissement et la vente des bâtimens. Il est question de transformer le dépôt en maison centrale.
En activité.	"	"	L'ouverture de ce dépôt, sollicitée vivement par le conseil général et le Préfet, a été ordonnée le 31 août dernier.

(*) Les sommes portées dans la sixième colonne ont été déterminées par les lettres de création ; les dépenses réellement faites ont été tantôt plus fortes, tantôt moindres.

[N.° 5.] DÉPÔTS DE MENDICITÉ en activité en 1818.

DÉPARTEMENS.	POPULATION présumée par les lettres de création.	NOMBRE de MENDIANS présumé lors de la formation des budgets départementaux de 1818.	RESSOURCES POUR SUBVENIR AUX DÉPENSES EN 1818.			OBSERVATIONS.
			Allocations aux budgets.	Produits divers.	TOTAL.	
Ain............	175.	80.	30,000f 00c	"	30,000f 00c	Sur ces 30,000 francs, 5,000 sont destinés à entretenir et renouveler le mobilier.
Aisne..........	500.	450.	84,406. 00.	7,594f 00c	92,000. 00.	
Ardennes.......	500.	270.	40,000. 00.	19,850. 00.	59,850. 00.	
Ariége.........	200.	200.	40,000. 00.	3,580. 00.	43,580. 00	
Bouches-du-Rhône.	400.	200.	60,000. 00.	30,000. 00.	90,000. 00.	Il est dû beaucoup sur 1817. 20,000 fr. ont été demandés pour le renouvellement des métiers et l'achat de matières premières.
Gard...........	300.	258.	35,000. 00.	11,982. 56.	46,982. 56.	
Hérault.........	600.	475.	85,000. 00.	52,185. 27.	137,185. 27.	Parmi les dépenses figurent 41,699 fr. 21 cent. relatifs au déficit existant au 1.er janvier 1818.
Jura...........	250.	100.	24,000. 00.	9,200. 00.	33,200. 00.	
Loire-inférieure..	500.	160.	27,848. 00.	3,000. 00.	30,848. 00.	
Manche........	350.	230.	42,000. 00.	4,865. 00.	46,865. 00.	
Marne.........	400.	400.	74,660. 00.	19,658. 00.	94,318. 00.	Trente lits doivent être donnés à ceux qui pourront offrir la moitié de la pension qui sera fixée par le Préfet.
Marne (Haute)...	400.	150.	40,000. 00.	7,000. 00.	47,000. 00.	
Oise...........	400.	100.	25,000. 00.	350. 00.	25,350. 00.	
Orne..........	300.	110.	20,000. 00.	"	20,000. 00.	
Rhin (Bas).....	800.	200.	69,688. 60.	27,844. 36.	97,532. 96.	Il est dû, sur 1817, 37,545 fr. 65 cent., de sorte que les ressources pour 1818 seront de 59,987 francs 31 centimes.
Seine..........	1,000.	80.	184,614. 00.	22,916. 00.	207,530. 00.	
Seine-inférieure...	550.	300.	47,000. 00.	35,390. 00.	82,390. 00.	
Sèvres (Deux)....	300.	200.	31,000. 00.	12,594. 00.	43,594. 00.	
Vendée.........	200.	120.	29,000. 00.	"	29,000. 00.	
Vienne.........	300.	370.	50,362. 00.	18,000. 00.	68,362. 00.	
Vienne (Haute)..	175.	160.	29,450. 00.	6,550. 00.	36,000. 00.	
Yonne........	175.	100.	4,710. 00.	25,871. 20.	30,581. 20.	
TOTAUX.....	8,775.	5,433.	1,073,738. 60.	318,430. 39.	1,392,168. 99.	

[N.º 6.] *TABLEAU de la Population des Maisons centrales, de l'accroissement qu'elle pourra recevoir, et du nombre des Condamnés.*

DÉSIGNATION des MAISONS.	NOMBRE D'INDIVIDUS qu'elles doivent contenir		NOMBRE DE CONDAMNÉS appartenant à chaque circonscription, et existant (au 1.er juillet 1818), tant dans les prisons départementales que dans les maisons centrales.	OBSERVATIONS.
	dans leur état actuel,	après l'achèvem.nt des constructions.		
EN ACTIVITÉ.				
Bicêtre et Saint-Lazare............	1,777.	1,777.	1,777.	
Beaulieu (Calvados)..............	650.	800.	618.	
Clairvaux (Aube)................	1,500.	1,800.	1,852.	
Embrun (Hautes-Alpes)..........	700.	750.	1,195.	
Ensisheim (Haut-Rhin)..........	750.	1,200.	2,156.	
Eysses (Lot-et-Garonne)..........	650.	1,200.	1,882.	
Fontevrault (Maine-et-Loire)......	1,240.	1,363.	1,363.	
Gaillon (Eure)..................	400.	1,100.	1,755.	
Limoges (Haute-Vienne).........	300.	700.	708.	
Melun (Seine-et-Marne).........	550.	1,200.	2,136.	
Montpellier (Hérault)............	750.	750.	1,325.	
Mont-Saint-Michel (Manche)..,...	600.	1,000.	530.	
Pierre-Châtel (Ain).............	250.	250.	(Bannis). 42.	
Rennes (Ille-et-Vilaine)..........	650.	1,400.	1,562.	
TOTAUX............	10,767.	15,290.	18,901.	
CRÉÉES, mais non encore construites.				
Cadillac (Gironde).............	″	(Femmes). 350.	″	
Loos (Nord)..................	″	1,000.	″	
Riom (Puy-de-Dôme)...........	″	650.	1,177.	
TOTAUX..........	″	2,000.	1,177.	
Maisons à créer (Deux au Sud et une à l'Est)....................	″	2,710.	″	
TOTAUX GÉNÉRAUX......	10,767.	20,000.	20,078.	

(N.° 7.)

RENSEIGNEMENS

Sur les Crimes qui ont donné lieu à des poursuites, et sur les Condamnations prononcées.

ÉTAT DES CRIMES qui ont donné lieu à des poursuite

DISTINCTION DES CRIMES.	1813.
Contre la chose publique........	191.
Contre les personnes............	1,130.
Contre les propriétés...........	4,523.
TOTAUX.......	5,844.

CONDAMNATIONS prononcée

ANNÉES.	MIS en jugement.	MORT.	TRAVAUX forcés à perpétuité.	DÉPORTATION.	TRAVAUX forcés à temps.	TRAVAUX forcés et flétrissure.	RECLUSION.	RECLUSION et flétrissure.
1813.	8,042.	307.	346.	"	1,401.	184.	1,916.	40.
1814.	5,485.	183.	247.	"	867.	96.	1,198.	23.
1815.	6,551.	256.	326.	"	1,080.	96.	1,511.	36.
1816.	9,890.	414.	458.	57.	1,534.	110.	2,217.	35.
1817.	14,084.	563.	494.	50.	2,611.	174.	2,770.	69.

ant les Cours de justice pendant les années :

1814.	1815.	1816.	1817.
174.	319.	546.	516.
902.	1,206.	1,589.	1,555.
2,831.	3,111.	4,722.	7,114.
3,907.	4,636.	6,857.	9,185.

par les Cours de justice.

CARCAN.	BANNISSEMENT.	DÉGRADATION civique.	EMPRISONNEMENT et amende.	TOTAL PAR ANNÉE.		OBSERVATIONS.
				Condamnés.	Acquittés.	
6.	7.	3.	1,133.	5,343.	2,699.	
1.	5.	"	780.	3,402.	2,083.	
3.	53.	1.	1,014.	4,376.	2,175.	
8.	66.	2.	1,926.	6,807.	3,083.	
4.	10.	2.	2,578.	9,325.	4,759.	

[N.º 8.] (68) ANGLETERRE E

ÉTAT *du nombre des personnes écrouées dans les différentes prison des divers comtés, villes et ressorts particuliers, depuis l'année 180 individus arrêtés, condamnés, acquittés, et de ceux qui n'ont pas é nations prononcées.*

Mis en jugement pendant les années	1805.	1806.	1807.	1808.
Hommes	3,267.	3,120.	3,159.	3,332.
Femmes	1,338.	1,226.	1,287.	1,403.
TOTAL	4,605.	4,346.	4,446.	4,735.
CONDAMNÉS.				
A mort	350.	325.	343.	338.
A la déportation perpétuelle	"	"	"	3.
——— idem ——— pour quatorze ans	34.	26.	46.	37.
——— idem ——— pour sept ans	561.	496.	500.	467.
A la détention à temps	1,680.	1,556.	1,545.	1,747.
Au fouet et à l'amende	158.	112.	133.	131.
TOTAL des condamnés	2,783.	2,515.	2,567.	2,723.
Acquittés	1,092.	1,065.	1,078.	1,126.
Non jugés et non poursuivis	730.	766.	801.	886.
TOTAL	4,605.	4,346.	4,446.	4,735.
Sur le nombre des condamnés à mort, il n'en a été exécuté que	68.	57.	63.	39.

PAYS DE GALLES.

de l'Angleterre et du pays de Galles, pour être jugées par les Assises et Sessions jusqu'à l'année 1817 inclusivement, indiquant, pour chaque année, le nombre des jugés, ou contre lesquels les poursuites n'ont pas été suivies, ensemble les condam-

1809.	1810.	1811.	1812.	1813.	1814.	1815.	1816.	1817.
3,776.	3,733.	3,859.	4,891.	5,433.	4,826.	6,036.	7,347.	11,758.
1,554.	1,413.	1,178.	1,685.	1,731.	1,564.	1,782.	1,744.	2,174.
5,330.	5,146.	5,337.	6,576.	7,164.	6,390.	7,818.	9,091.	13,932.
392.	476.	404.	532.	713.	558.	553.	890.	1,302.
7.	12.	29.	25.	50.	53.	38.	60.	103.
50.	31.	34.	67.	95.	78.	94.	133.	157.
581.	526.	500.	588.	622.	625.	826.	861.	1,474.
2,045.	1,965.	2,049.	2,506.	2,759.	2,574.	3,218.	3,663.	5,760.
163.	148.	147.	195.	183.	137.	154.	190.	320.
3,238.	3,158.	3,163.	3,913.	4,422.	4,025.	4,883.	5,797.	9,056.
1,205.	1,130.	1,234.	1,494.	1,451.	1,373.	1,648.	1,884.	2,678.
887.	858.	940.	1,159.	1,291.	992.	1,287.	1,410.	2,198.
5,330.	5,146.	5,337.	6,576.	7,164.	6,390.	7,818.	9,091.	13,932.
60.	67.	45.	82.	120.	70.	57.	95.	115.

[N.° 9.] TABLEAU DES DÉPENSES EXTRAORDINAIRES

DÉSIGNATION des MAISONS.	DÉPARTEMENS où ELLES SONT SITUÉES.	ORIGINE DES BATIMENS.	DATES des lettres ou ordonnances de création.
Beaulieu.........	Calvados.........	Ancienne prison ayant servi de dépôt de mendicité.........	2 avril 1817.
Bicêtre.........	Seine.........	Ancienne prison.........	Idem.
Saint-Lazare.........		——— Idem.........	Idem.
Cadillac.........	Gironde.........	Ancien château de particulier.........	24 juin 1818.
Clairvaux.........	Aube.........	Ancienne abbaye.........	2 janvier 1811.
Embrun.........	Hautes-Alpes.........	Bâtimens réunis du collége et du séminaire.........	21 ventôse an 13.
Ensisheim.........	Haut-Rhin.........	Ancienne maison de force.........	23 février 1811.
Eysses.........	Lot-et-Garonne.........	Ancien couvent.........	16 fructidor an 11.
Fontevrault.........	Maine-et-Loire.........	Ancienne abbaye.........	26 vendémiaire an 13.
Gaillon.........	Eure.........	Ancien château des archevêques de Rouen.........	3 janvier 1812.
Limoges.........	Haute-Vienne.........	Ancien couvent de Bénédictins.........	8 décembre 1810.
Loos.........	Nord.........	——— Idem.........	6 août 1817.
Melun.........	Seine-et-Marne.........	Ancienne prison.........	21 août 1811.
Montpellier.........	Hérault.........	Ancien couvent d'Ursulines.........	23 fructidor an 13.
Mont-Saint-Michel...	Manche.........	Ancienne abbaye ayant servi de maison d'état.........	2 avril 1817.
Pierre-Châtel.........	Ain.........	Ancienne chartreuse, appartenant à la guerre.........	Idem.
Rennes.........	Ille-et-Vilaine.........	Ancienne maison de répression.........	4 mai 1809.
Riom.........	Puy-de-Dôme.........	Ancien couvent de Cordeliers.........	16 juin 1808.
Trois maisons à créer, une à l'est et deux au sud.........			

DES MAISONS CENTRALES DE DÉTENTION.

DÉPENSES, non compris l'acquisition, ou sommes allouées jusques et compris 1818.	RESTE à allouer pour construction.	NOMBRE DE FOURNITURES de premier établissement.	SOMME NÉCESSAIRE, à raison de 96 francs par fourniture.	OBSERVATIONS.
"	60,000f	100.		
"	"	"		
"	"	"		
20,000f	120,000.	350.		
61,757.	290,000.	300.		
"	25,000.	"		
487,000.	60,000.	450.		
165,916.	175,000.	"		
586,029.	160,000.	"		
722,500.	210,000.	550.		
508,875.	45,000.	400.	716,160f	
"	400,000.	1,000.		
467,774.	330,000.	650.		
"	95,000.	"		Bâtimens................ 4,490,000f
"	60,000.	100.		Première mise............ 716,160.
"	20,000.	200.		
62,000.	400,000.	"		5,206,160.
398,000.	240,000.	650.		
	2,690,000.	4,750.		
....	1,800,000.	2,710.		
	4,490,000.	7,460.	716,160.	

[N.º 10.] **DÉTAILS** sur le Prix de journée

DÉSIGNATION des MAISONS.	NOMBRE D'INDIVIDUS pour lesquels les allocations ont été demandées aux budgets 1818.	SOMMES demandées pour toutes LES DÉPENSES.	TAUX des LA JOURNÉE.	MONTANT des TRAITEMENS.	TAUX de LA JOURNÉE.
Bicêtre et Saint-Lazare..........	19 à 1,950.	445,857ᶠ	63ᶜ	9,802ᶠ 8	12ᶜ 93/10,000.ᶜˢ
Beaulieu..........	650.	130,000.	55.	12,200.	5 14/10,000.ᶜˢ
Clairvaux..........	1,500.	298,017.	54 1/2 (*).	34,050.	6 22/10,000.ᶜˢ
Embrun..........	780.	161,159.	56 1/2.	20,350.	7 14/10,000.ᶜˢ
Ensisheim..........	750.	171,774.	60 1/2.	23,600.	8 6/10,000.ᶜˢ
Eysses..........	660.	175,663.	72 92/10,000.ᶜˢ	31,250.	12 97/10,000.ᶜˢ
Fontevrault..........	933.	175,167.	51 43/10,000.ᶜˢ	26,300.	7 3/4.
Gaillon..........	450.	121,438.	72 72/10,000.ᶜˢ	18,100.	11 2/10,000.ᶜˢ
Limoges..........	200.	56,181.	96 96/10,000.ᶜˢ	14,400.	19 1/2.
Melun..........	550.	130,102.	64 80/10,000.ᶜˢ	19,400.	9 66/10,000.ᶜˢ
Montpellier..........	920.	175,050.	52 13/10,000.ᶜˢ	12,650.	4 environ.
Mont Saint Michel..........	550.	112,625.	56 11/10,000.ᶜˢ	17,525.	8 73/10,000.ᶜˢ
Pierre-Châtel..........	42.	26,500.	173ᶜ environ.	6,350.	41 1/2 environ.
Rennes..........	658.	129,300.	53 80/10,000.ᶜˢ	9,998.	4 16/10,000.ᶜˢ
TOTAUX..........	10,593, donnant 3,068,270 journées	2,304,833.	59 61/10,000.ᶜˢ	335,975.	8 68/10,000.ᶜˢ
En retranchant de ce tableau ce qui a rapport à Bicêtre, à Saint-Lazare et à Pierre-Châtel, il ne reste que..........	3,151,090 journées	1,836,526.	58 28/10,000.ᶜˢ	239,823.	7 59/10,000.ᶜˢ

(73)

dans les Maisons centrales.

PRIX DE JOURNÉE payés aux entrepreneurs, dans les maisons en entreprise.			OBSERVATIONS.
Détenus malades.	Détenus valides.	Sans distinction.	
"	"	"	
"	"	48ᶜ	Jusqu'au 1.ᵉʳ juillet 1819.
65ᶜ	40ᶜ (*).	"	(*) Non compris le renouvellement du mobilier et du vestiaire, pour lequel on demande, chaque année, des sommes assez fortes, mais qui, n'étant pas fixes, ne peuvent entrer dans l'évaluation du prix de journée.
"	"	47.	(**) Pour la nourriture et le chauffage des dortoirs seulement.
"	Régie.	"	
"	"	57.	Le prix de 72ᶠ 92/10,000.ᵉ, auquel revient la journée, est exorbitant. L'entrepreneur consent à réduire son prix de 57ᶠ à 50, à compter du 1.ᵉʳ janvier prochain. Il est indispensable de réduire les traitemens.
"	"	40.	
65.	55.	"	
"	Régie.	"	
"	"	47 1/2.	
"	Régie.	"	Il est impossible que le prix de journée ne monte qu'à 52ᶠ 13/10,000.ᵉ On demande toujours moins qu'il ne faut, et tous les ans il y a un déficit à couvrir.
"	"	40.	L'entrepreneur n'est pas chargé de la fourniture des médicamens, et il a droit à une indemnité de 1ᶠ par journée, pour chaque augmentation de 1ᶠ sur le prix de l'hectolitre de blé, fixé à 20 francs.
"	"	"	
"	"	47.	
"	"	"	

On voit, par les calculs ci-contre, que, dans les maisons centrales des départemens, le prix moyen de la journée de détention ne revient qu'à 58ᶠ 28/10,000.ᵉ, en le calculant sur les sommes demandées par les préfets, et qui seront réduites de quelque chose par le Ministre.

Ce prix de journée diminuera lorsque la population des maisons centrales sera complète, parce qu'alors les frais généraux et fixes seront répartis sur un plus grand nombre de journées.

Quoi qu'il en soit, on a dû porter à 60ᶠ la dépense de chaque journée de détention, en 1819, parce que, dans les prix indiqués au présent tableau pour la journée de détention dans les maisons en régie économique, ne sont pas compris les frais de renouvellement de mobilier et de vestiaire.

Intérieur. — Rapport. K

[N.° 11.] **TABLEAU DES DÉPENSES ORDINAIRES pour les Condamnés à un an et plus de détention, tant dans les Maisons centrales que dans les Prisons.**

DÉSIGNATION des MAISONS.	DÉPENSES ORDINAIRES, EN 1819, POUR 20,000 CONDAMNÉS.				TOTAL.	OBSERVATIONS.
	MAISONS CENTRALES.		PRISONS DÉPARTEMENTALES.			
	Population présumée.	Dépense calculée sur le pied de 60° par jour, ou de 219^f par an, taux moyen.	Population présumée.	Dépense calculée sur le pied de 45° par jour, ou de 164^f 25° par an, taux moyen.		
EN ACTIVITÉ.						
Bicêtre et Saint-Lazare......	1,777.					
Beaulieu (Calvados)........	550.					
Clairvaux (Aube).........	1,500.					
Embrun (Hautes-Alpes).....	750.					
Ensisheim (Haut-Rhin).....	900.					
Eysses (Lot-et-Garonne).....	700.					
Fontevrault (Maine-et-Loire).	1,240.					
Gaillon (Eure)..........	600.					
Limoges (Haute-Vienne)....	450.					
Melun (Seine-et-Marne)....	550.					
Montpellier (Hérault)......	900.	2,487,183.^{f}	8,643.	1,419,613.^{f}	3,906,796.^{f}	
Mont-Saint-Michel (Manche)	600.					
Pierre-Châtel (Ain).......	40.					
Rennes (Ille-et-Vilaine).....	600.					
CRÉÉES *et non encore mises en état de recevoir des condamnés.*						
Cadillac (Gironde)........	»					
Loos (Nord).............	»					
Riom (Puy-de-Dôme)......	200.					
TOTAUX......	11,357.	2,487,183.	8,643.	1,419,613.	3,906,796.	

[N.° 12.] *DÉTAIL sur les Prix de Journée dans les prisons ordinaires.*

Taux moyen de 1817, suivant les comptes donnés par les Préfets, 64 centimes.
Taux moyen des demandes faites par les Préfets, pour 1818.... 52 idem.

DÉPARTEMENS.	PRIX DE LA JOURNÉE DE DÉTENTION des condamnés à un an et plus d'emprisonnement, restés dans les prisons départementales.		OBSERVATIONS.
	EN 1817, d'après les comptes fournis.	EN 1818, d'après les demandes faites par les Préfets.	
Ain..............	"	50.	1.° Pour 1817, les départemens qui ne sont pas compris dans la liste, n'ont pas envoyé de comptes.
Aisne............	70 1/4.	52.	
Allier............	"	60.	2.° Pour 1818, les départemens qui ne sont pas compris dans la liste, n'ont porté les journées qu'au prix fixé par la circulaire ministérielle, en se plaignant presque tous de sa modicité.
Ardennes.........	65 3/4.	"	
Ariége)..........	"	68.	
Bouches-du-Rhône..	48 1/4.	"	
Charente.........	62 1/2.	"	
Charente-Inférieure..	"	45.	
Corrèze..........	58 1/2.	"	
Corse............	"	40.	
Côtes-du-Nord....	54 1/8.	45.	
Creuse...........	75 3/4.	41.	
Dordogne.........	"	50.	
Doubs............	"	70.	
Drôme...........	77.	"	
Eure.............	"	42.	
Finistère.........	51.	"	
Gard.............	54 1/2.	"	
Garonne (Haute)..	57 1/4.	"	
Gers.............	76.	52.	
Gironde..........	"	40.	
Hérault..........	60.	"	
Ille-et-Vilaine.....	"	47.	
Indre............	57.	"	
Jura.............	"	48.	
Landes...........	60.	40 environ.	
Loire............	"	57.	

(76)

DÉPARTEMENS.	PRIX DE LA JOURNÉE DE DÉTENTION des condamnés à un an et plus d'emprisonnement, restés dans les prisons départementales.		OBSERVATIONS.
	EN 1817, d'après les comptes fournis.	EN 1818, d'après les demandes faites par les Préfets.	
Loire (Haute)	69 3/4.	"	
Loire-Inférieure	"	40 environ.	
Loiret	76 1/5.	94.	
Lot	53 3/4.	"	
Marne	81.	69.	
Mayenne	66.	"	
Meurthe	65 1/2.	"	
Meuse	84 1/2.	"	
Morbihan	36 3/4.	"	
Moselle	65 1/2.	"	
Nièvre	"	42.	
Nord	73 3/4.	81.	
Oise	71 1/2.	85.	
Pas-de-Calais	65.	42.	
Puy-de-Dôme	"	39.	
Pyrénées (Hautes)	57 1/2.	"	
Pyrénées-Orientales	"	51.	
Rhin (Haut)	"	50.	
Rhône	54.	"	
Saone (Haute)	"	60.	
Saone-et-Loire	61.	"	
Sarthe	71 1/3.	"	
Seine-et-Marne	"	40.	
Seine-et-Oise	69 3/4.	"	
Sèvres (Deux)	"	50.	
Somme	"	48.	
Tarn-et-Garonne	"	40.	
Vaucluse	53 1/4.	"	
Vienne (Haute)	53 3/4.	"	
Vosges	81.	"	
TOTAUX	2,238 3/4.	1,678.	
	Terme moyen, 64 cent.	Idem, 52c 1/2.